政治伦理学

徐黎明　孙守春　主编

中国社会出版社

国家一级出版社 ★ 全国百佳图书出版单位

编委会

主　编　徐黎明　孙守春

副主编　晏玉荣　贺雪瑞　李华忠　李默海

目 录

导 论

人类社会不存在无价值和非道德的政治。自从政治现象产生以来,政治与道德便像连体婴儿一样,紧密地联系在了一起。政治中的道德准则、政治学中的伦理观念始终是政治研究的基本内容之一。21 世纪中国社会主义政治文明的建设,需要政治伦理在以往发展的基础上,进行符合人类政治发展规律的现代建构,需要政治伦理应有的价值导向作用。这就需要我们分析政治伦理学的学科结构和逻辑,弄清政治和道德的关系,明确政治伦理学的研究对象、内容、任务和方法。

一、政治与道德

政治与道德是政治伦理学的两个基本概念,也是社会政治生活中经常遇到的两个问题。如何正确处理和认识两者之间的关系,对政治伦理学的研究具有至关重要的意义。

(一)政治

政治是一个历史的范畴,它并不是人类社会与生俱来的现象和社会关系,而是人类社会发展到一定阶段的产物,起源于人类原始社会的氏族公社阶段。政治作为独立的概念,相对于政治活动现象而言要晚出得多,它最初出现于人类历史进程中的奴隶社会时期。在西方,"政治"一词读作"politics",语源于古希腊的"polis"、"polity"和"politeria"。在古希腊的思想家柏拉图、亚里士多德等人的著作中,"政治"一词得到了广泛的使用,并对后世西方政治学的影响极大。在中国,"政治"一词早见于《尚书》,如:"道洽政治，泽润生民。”[①]《周礼》又有“掌其政治禁令”[②]之说。

政治属于上层建筑，并在上层建筑中居于主导地位。从根本上来说，政治是经济最直接、最集中的表现，它产生于一定的经济基础，又为一定的经济基础服务，阶级性是其最重要的质的规定性。在阶级社会中，政治就是国家政权的活动，即包括国家制度、机构、政策和政党的活动等等。列宁说：“政治就是各阶级之间的斗争，政治就是反对世界资产阶级而争取解放的无产阶级的态度。”[③]又说：“政治是经济的集中表现。”[④]这就是说政治最直接最集中地反映阶级的经济利益和阶级的利害冲突，因而在表现形式上，通过政治解决社会利益，维护阶级的经济利益，主要是依靠阶级斗争或国家的行政能力。因此，政治要么通过激烈的阶级斗争，要么通过一系列不容争辩的国家法令、政策、决议等来解决各个阶级之间的矛盾冲突。政治似乎是冷酷的，然而，无论从政治的起源，还是从政治的发展前景、最终归宿来看，政治不仅具有本源性上的伦理基础，还与道德有着内在的紧密联系。

（二）道德

一般说来，道德是调整人和人之间关系的一种特殊的行为规范的总和。也可以说道德是做人的规矩。道德是由一定的社会经济关系决定的，以善恶标准评价的，依靠人们的内心信念、社会舆论和传统习惯来维系的，调整个人与个人之间以及个人与社会之间矛盾关系的行为原则和规范的总和。[⑤]

道德萌发于人类早期劳动和简单交往，形成于社会分工的出现和发展。在原始社会早期，类人猿通过改造自然谋取生活资料性质的劳动，摆脱动物本能而最终成为人，并形成了人与人之间的社会关系；为了交流彼此的感受，协同劳动中的行动，保持群体内应有的秩序，道德从而萌生了。随着社会生产力的发展，三大分工的出现，人们之间的交际和交往日益经常和频繁，人与人之间的社会关系也日渐复杂，道德由此形成。当时的道德基本上是以禁忌的形式，作为风俗习惯而存在。随着私有制的产生和发展，人类社

---

① 《尚书·毕命》。
② 《周礼·遂人》。
③ 《列宁全集》，第31卷，人民出版社1978年版，第336页。
④ 《列宁全集》，第32卷，人民出版社1978年版，第178页。
⑤ 赖廷谦、阎钢：《思想道德修养》，四川民族出版社2004年版，第178页。

会过渡到在阶级对立中运动的历史发展过程，由于以私有制为基础的社会经济结构的形式不断改变，这一过程又相继经历了奴隶制度、封建制度和资本主义制度三大历史阶段。同人类社会的这一变化相适应，道德也发生了根本性的变化，即由原始社会统一的部落氏族道德，转化为在阶级对立中运动的阶级道德。随着私有制形式的改变，阶级道德又相继出现了奴隶主道德和奴隶道德、地主道德和农民道德、资产阶级道德和无产阶级道德等不同的历史类型。在以公有制为主体的社会主义社会，则出现了社会主义道德。

道德作为社会范畴，属于社会上层建筑和社会意识形态，在本质上是一定社会经济关系的善恶反映，正如恩格斯指出的："一切以往的道德归根结底都是当时的社会经济状况的产物。"①但是它一旦形成，就会对一定的经济关系起重大的反作用。

道德作为一种特殊形态的上层建筑现象，有其独特的特点：第一，特殊的规范性。道德的主要功能，是通过规范人们的行为，去调节人们之间的社会关系。因此，道德往往以一定的行为规范表现出来。这种规范性，实质上是以善恶来认识、评价和把握社会生活中人与人之间的关系。第二，强烈的实践性。马克思曾指出，道德与上层建筑中的其他因素不同，它是一种"实践—精神"的掌握现实世界的特殊方式。它不仅要以社会实践为基础，而且还必须表现于社会实践中，强调理论和实践的结合。第三，相对的稳定性。道德不仅诉诸社会舆论，而且诉诸于人们的内心信念和传统习惯，尤其当道德习惯转化为传统习俗和社会风尚并与民族的社会心理结合起来时，它就具有相当的稳定性。第四，广泛的社会性。道德贯穿于人类社会的始终，存在于各种社会形态，遍及社会各个领域，渗透于各种社会关系之中。可以说，凡是有人和人的关系存在的时刻和地方，就存在着调整人和人的相互关系的道德。

（三）政治与道德的关系

政治与道德的出现，都是基于对人类社会利益关系的维护和协调。当一定社会形态中人们之间的利益差别，由于受一定社会生产力与生产关系的制约而相差不大时，道德完全可以担负起对社会利益关系的维护和协调，

① 《马克思恩格斯选集》，第3卷，人民出版社1995年版，第134页。

道德的作用也无须为其他社会的力量所替代，如人类历史进程中的原始公社时期。但是，一旦社会生产力和社会生产关系的发展将一定社会中的人与人之间的利益关系加大时，道德对现存社会利益关系的维护和协调，便失去了它的社会基础，仅靠道德是完全不足以维护和协调社会中人与人之间的利益关系，如人类社会进入阶级社会以来的整个历史阶段。因此，政治的产生就是必然的了。

自人类进入阶级社会以来，政治和道德就一直是上层建筑的两个重要组成部分。他们一方面各自从特定的角度反映社会存在，以特有的方式反作用于经济基础；另一方面彼此间相辅形成，相互影响，关系密切。

1. 政治与道德的区别

第一，它们对社会经济关系的作用方式不同。政治作为上层建筑的核心部分，最直接、最集中地反映社会阶级的经济利益。因为，经济利益是一切阶级、集团、集体以及个人最根本的利益，各阶级只有通过政治斗争，掌握国家政权，才能满足自己的利益要求。社会的根本变革问题，只能通过正确的政治手段解决，为了经济利益的维护和协调，不同的社会利益集团，尤其是居于统治地位的利益集团，可以运用和通过各种政治形式，必要时使用暴力来实现。道德对经济关系和阶级利益的反映，则不是那么直接和集中，它主要是通过社会舆论和道德教育，唤起人们的责任心和义务感来维护自己的经济利益。从这个意义上讲，道德只是政治的一种辅助力量。

第二，它们反映人们关系的角度和解决问题的方法不同。政治着眼于一切阶级和阶层与国家和政府的关系，以及一切阶级的相互关系。社会各阶级、阶层在国家中的地位和作用问题，是政治研究的中心问题。统治阶级的政治，是通过制定一系列的政治准则和规范来调整各阶级、阶层的关系。道德则与此不同，它是从个人与个人、个人与集体、个人与社会这一角度去调整人们之间的关系，因而不像政治那样具有强制性，反而更加依赖人们的自觉性。

第三，它们的存在和发展的趋势不同。道德存在于人类社会发展的始终，贯穿于人类社会生活的各个领域和各个方面；政治则是阶级矛盾和阶级斗争的产物，只存在于阶级社会和有阶级斗争存在的社会，而且只存在于社会生活的特定方面。随着阶级的消灭，阶级斗争的消灭，国家的消亡，作为阶级斗争工具的政治也自然随之消亡，然而道德不仅不会消亡，而且还会继续向前发展,并由阶级道德逐步转化为全人类的道德。

2. 政治与道德的联系

诚然,政治与道德作为两种不同的社会意识形态,在人类一定的社会历史阶段各自有着不同的特殊规定性和不同的特点与功能,两者不能互相混淆与替代。但是,政治与道德并不由此而成为相互排斥的两极,政治与道德在一定的规范内也是相互作用、相互渗透的。

道德在人类社会的历史进程中,本质上并不是超然的,它具有政治的制约性,道德是政治性的道德。政治既然是经济的集中表现,反映了人们关系中的阶级关系本质,涉及社会正火的根本问题,就必然强烈地影响和制约着各阶级道德的形成和发展,特别是代表统治阶级的、占社会主导地位的道德意识以及道德行为实践,更显现出道德的政治性特征。相应,政治也无法与道德相脱离。无论是政治意识的内涵,还是政治行为的形式上,政治都具有许多道德的要素。这也就是政治伦理的本源所在,也是政治伦理之所以得以架构的根本。政治的道德意蕴问题,也就是政治是否应该具有某种伦理价值的问题。古代希腊人对于这个问题的回答无疑是完全肯定的。希腊人相信,人是政治的动物。正如亚里士多德所说:“人类自然是趋向于城邦(国家)生活的动物。人类在本性上,也正是一个政治动物。”[①]人在本质上具有参与政治生活的本性要求,人只有通过政治活动才能实现或完善其本质。在希腊人的世界,所谓道德的生活不可能游离于政治之外。

在中国的思想史上,政治更具有道德的蕴涵。在儒学家们看来,“政治”其实质就是道德之治。孔子说:“政者,正也。子帅以正,孰敢不正?”[②]这里的“正”,就是儒家要求的符合仁、义、礼、智、信等道德规范的实践意识和行为自律,就是一种道德实践的行为楷模。管子对此说得更加明确:“政者,正也。正也者,所以正定万物之命也。是故圣人精德立中以生正,明正以治国。故正者,所以止过而逮不及也。过与不及也,皆非正也,非正则伤国一也。勇而不义伤兵,仁而不正伤法。故军之败也,生于不义;法之侵也,生于不正。”[③]在此“政”的核心是“精德立中”,“精德立中”便为“正”,明“正”以治国。这里的政治,就是道德之治,政治具有与道德不可分离的理论与实践

---

① [古希腊]亚里士多德:《政治学》,吴寿彭译,商务印书馆1997年版,第7页。

② 《论语·颜渊》。

③ 《管子·法法》。

的意义。

从当代的政治理论与政治实践来看,政治仍然具有道德的意蕴。无论任何社会利益集团,它所确立的任何政治理论与实践,在根本上都不可能超然于社会生活之外,在理论上总是为人服务而建构的,在实践上总是由人具体参与的。因此,政治归根到底总要表现为特定利益集团与其他社会群体之间的利益关系,由此总要去调整这种利益关系。当这种调整的利益倾斜一旦超越本集团的利益底线时,矛盾就必然发生。调解这一矛盾最有效的方法与手段,就是道德的自律。因为任何一个利益集团都不可能为了自己的利益肆无忌惮地伤害、侵占甚至掠夺其他社会集团和其他社会人群的利益。政治的自律就是赋有道德意义的行为,政治不可与道德分离。

同样,在政治实践活动中,无论在什么样的时代背景下,政治领袖、政府官员的政治行为都具有特殊的道德意义,其个人品格往往成为一种人格典范而影响公众和整个社会。中外政治史的经验都说明,一个政治人物,其光明磊落的政治行为,以及由此表现出来的胸怀宽广的政治气魄、淳朴潇洒的政治风度等等,总是成为一种美的人格风范而产生深远的积极影响,起到增强其道德感召力、提高其政治权威和道德声望的作用,并由此而形成民主、公正的政治生态和道德氛围。与此相反,政治活动中的官僚作风和政客恶习,会造成令人深恶痛绝的政治腐败和社会黑暗,引起民愤,甚至相反的政治后果。政治失德,一方面容易造成政治利益集团与社会民众之间矛盾的尖锐对立与冲突,使社会失去安宁,国家产生动荡;另一方面又容易对社会大众心理和社会道德风尚产生极为严重的破坏作用,造成人与人之间的关系紧张、自私、欺诈、失诚信等等。由此可见,政治无处不与道德相关,政治无时不与道德相连,政治本身蕴涵着道德的内容。

对政治与道德及其内在关系的了解,可以帮助我们从最根本的实践问题上获得政治伦理架构的认识论基础。由于政治本身蕴涵着道德的内容,伦理在政治领域内的指向性,就不是无源之水,无本之木。如果说伦理及其相关学问是一门关于人类社会领域中关于道德现象的科学,或者说是一门以道德作为自己研究对象的科学,那么,政治伦理及其延展的学问就是一门关于政治道德的科学,也就是将人们政治生活领域中的道德现象作为研究对象的科学。

二、政治伦理学研究的学科性质

自人类社会进入阶级社会以来,人与人之间的政治关系就相伴而生。人们总是要参与政治活动,过着政治生活。有了政治关系、政治生活和政治活动,就产生了调整政治生活中政治关系的政治道德。

(一)政治伦理学是研究政治道德的科学

政治伦理学是一门以政治道德为研究对象的应用伦理学学科,是适应现代民主政治建设和反腐败斗争需要而形成起来的一门探寻政治生活中的伦理道德现象,揭示政治道德运行及其发展规律的综合性学科和实践性学科。什么是政治道德?简言之,政治道德就是人们在政治生活中以一定的阶级道德或社会道德调整人与人之间的政治关系的道德准则。对于从一定阶级的经济关系和政治关系中引申出来的政治道德概念,人们常有广义和狭义两种理解。广义的政治道德是一定阶级的阶级道德。狭义的政治道德是指政治活动中以政治为职业的政治家道德。前者是以集团为道德主体,后者是以个体为道德主体。政治伦理学所讲的政治道德,侧重从广义上来理解。任何在政治生活中进行政治活动的人,不仅要遵循一定阶级的政治准则,而且要遵循一定阶级的道德准则。

每一门科学都有自己确定的、特殊的研究对象。政治伦理学既然以政治道德作为自己的研究对象,就既要研究政治道德现象,也要揭示政治道德的发生、发展及其作用的规律。政治伦理学之所以区别于其他学科,不被其他学科所代替,从根本上说,就是因为政治伦理学所研究的政治道德具有特殊的本质和特殊的矛盾性。政治活动中的个人利益和整体利益的矛盾,政治道德所要解决的特殊矛盾。对于这种特殊矛盾的认识、研究和解决,就是我们以政治道德现象及其发展规律为政治伦理学研究对象的客观依据。在这里,研究对象是客观的、相对稳定的,对象所体现的具体内容是不断变化发展的。正是研究对象内容的变化发展,才使不同历史阶段的政治道德,呈现出不同的特点,具有鲜明的时代性,标志着人们对政治道德的认识,有一个阶段上升到另一个新的、更高的阶段。

社会生活中的政治道德,是一个范围广泛的复杂社会现象。它不仅包括道德意识现象,而且包括道德活动现象和道德关系现象。社会主义政治伦理学是以整个政治道德现象为其研究对象的。它在研究历史上各个社会形态的政治道德的思想资料，从中找出政治道德形成和发展一般规律的同时，要着重研究社会主义革命和社会主义建设中的政治道德现象，总结和概括政治活动中的广大干部、广大群众与模范先进人物的优秀品德，找出社会主义政治道德的形成和发展的规律，并以辩证唯物主义和历史唯物主义的的世界观和方法论，认识和掌握这些客观规律，是政治伦理学建立在科学的基础之上，成为推动社会主义政治道德发展的强大精神力量。

（二）政治伦理学与其他学科的关系

政治道德是政治伦理学的研究对象，也是政治学、伦理学、心理学、教育学、美学和社会学等其他学科关心的一个领域，因而，政治伦理学既是一门交叉学科，也是一门分支学科。为了科学揭示政治伦理学研究领域中的矛盾特殊性，有必要分清政治伦理学与政治学、伦理学、心理学、教育学、美学和社会学等临近学科的联系和区别。

1. 政治伦理学与政治学的关系

政治伦理学与政治学有着最为直接的联系，政治学是研究以政治权力为中心，以政治思想、政治制度、治国之道和国际政治为主要内容的关于社会政治关系、政治现象及其发展规律的科学。政治伦理学则是关于政治道德的理论。从一定意义上讲，政治伦理学与政治学的关系，是特殊与普遍的关系，政治学以整个社会的政治关系、政治现象及其发展规律为研究对象，为政治伦理学的研究提供理论基础，政治伦理学所涉及的政治仅仅是道德生活中的政治现象，是社会政治生活所揭示的普遍规律的特殊表现。当然，尽管从人类思想发展来看，政治学同政治伦理学虽然同步发展，但政治学却不能代表政治伦理学的研究，政治伦理学是一门独立的学科。

2. 政治伦理学同伦理学的关系

政治伦理学与伦理学也有直接的内在联系，在某种意义上，政治伦理学是伦理学的一个分支学科。它们虽然都研究社会生活中的伦理道德问题，但二者却有不同：政治伦理学是研究政治生活中的道德现象及其发展规律的科学，是对人类奠基在一定经济基础之上的道德这个特殊意识形态进行政治思考的产物。而伦理学是研究以道德和利益关系的问题为核心，以道德意识现象、道德关系现象、道德规范现象和道德活动现象为主要内容的揭示道德的特殊矛盾性和一般规律性的科学。可以说,伦理学是对道德的一般规律的把握,政治伦理学是对道德的特殊规律的把握;伦理学揭示道德领域的一般表现,政治伦理学揭示道德领域中的特殊表现。因此,伦理学的一般原理是政治伦理学的理论基础,对政治伦理学的研究起着导向作用。

3. 政治伦理学与社会学的关系

政治伦理学与社会学在研究对象和研究内容上,也有密切的关系。社会学所研究的社会系统中的个体之间、个体与群体之间、群体与社会构成单位之间相互作用的不同类型、交往形式、人的活动、文化道德规范体系,也是政治伦理学所要涉猎的问题;社会学所要研究的社会风尚、传统习俗,更是政治伦理学借以表现和发挥作用的重要形式。政治伦理学与社会学有联系,也有区别:对于人的活动、社会交往的研究,社会学侧重于社会交往的一般形式,侧重研究成为习惯的群体活动在一定社会制度范围内的纪律性以及对群众社会行为产生重大影响的个体特殊活动,不侧重不对群众社会行为产生重大影响的个体特殊活动的研究。而政治伦理学则既研究对当时社会产生重大影响的人的政治活动,也注重从历史联系上考察人的政治活动,探求人的政治活动的历史发展趋势。

4. 政治伦理学与心理学的关系

政治伦理学与心理学无论在研究人的行为和动机方面,还是在研究社会成员的个体品质形成方面,它们的联系都极为密切。政治伦理学对于道德意识、道德情感和行为动机研究本身,不仅是心理现象的一部分,而且政治伦理学对政治道德的研究,也必须借助心理学的研究成果,已形成政治人物的优秀品德。但是,心理学对于人的思维、概念、情感、意志、习惯等发生作用的心理机制和形成发展过程的研究,对于在总体上构成的人的性格的各种特性的考察,对于人的道德情感、道德意识、道德行为形成过程,以及人的道德意识在不同年龄时期发展规律的揭示和说明,都只是作为心理现象来研究的。政治伦理学则是从社会政治现象中能够进行道德评价、具有道德意义的方面来研究人的性格的形成和发展,研究人们的道德行为的发生条件和心理因素。

5. 政治伦理学与教育学的关系

政治伦理学与教育学也有着不可分割的联系,教育学主要研究正在成长中的一代人的道德品质的形成和教育问题,尽管把一定的政治道德原则、规范转化为政治人员的内在品质，形成良好的道德风尚，是政治伦理学和教育学共同担负的责任，但他们在研究对象、范围和内容等方面又是有区别的。教育学要研究一代人的全面发展的诸如德育、体育、美育等其他方面的问题。它也研究政治道德，但只是就社会对从政者进行道德教育、施加到的影响进行研究的。所以，教育学不仅要从政治伦理学所提供的规律性认识来实施实际的教育任务，而且要根据政治伦理学的基本原理，寻求政治道德信念、情感、意志等的形成途径和方法。政治伦理学相对于教育学来说则属于基础理论学科，只有汲取教育学的发展成果，政治伦理学才能随着时代的变革而不断丰富自身的理论内容。

6. 政治伦理学与美学的关系

政治伦理学与美学，也是紧密相连、不可分割的。它们都属于社会意识形态，在社会生活中，总是相互影响、相互作用的，政治道德生活中任何具有伦理意义的现象同时也具有美的意义。它可以进行善恶评价，也可以进行美丑评价。善和美是统一的，一个精神完美、道德纯洁、体魄健全的全面发展的人，既是人的美的最高理想，也是人的善的最高境界。在伦理和审美之间，存在着深刻的内在的统一性。然而也必须看到，美学是以客观现实的美及人类审美意识和审美活动为研究对象，是从人的善行去探求人的心灵美，政治伦理学则只研究人类政治生活中的道德关系及其发展变化，研究怎样使人的政治行为符合一定的道德原则和道德规范，培养人们自觉的道德义务感。由于美学所研究的客观现实的美以及人类的审美意识和审美活动是政治伦理学所不能包含的，政治伦理学所研究的人类政治生活中的道德关系及其变化发展又是美学无法解决的，二者在研究对象和研究内容上都有所区别，不能相互代替。

此外，政治伦理学还与哲学、政治经济学、法学等有着密切联系。尽管这些学科所研究的都是人类的社会现象和社会关系，然而它们从不同方面对于某一现象领域所特有的某一种矛盾的研究，揭示某一领域的矛盾的特殊性。在思想发展史上，政治道德思想的发展，不仅要借助于这些学科所提供的理论和知识，而且又给予这些学科以重大影响。总之，只有弄清了政治伦理学与临近学科的联系和区别，才能深刻把握政治伦理学研究的特殊矛盾性。

三、政治伦理学研究的任务和方法

政治伦理学是一门研究政治道德的本质及其发展规律的学科，通过这一学科的研究，对于创建有中国特色社会主义政治伦理学，提高公民的政治道德素质，尤其是从政者的政治道德素质，推进社会主义民主政治建设，具有重大的现实和历史意义。

（一）政治伦理学的研究任务

纵观人类思想的发展历史，任何一种学说，都是适应当时的生产斗争或阶级斗争的需要而产生的，政治伦理学也不例外。资本主义制度下政治伦理学的基本任务，就是论述和宣扬资产阶级的政治道德的理论、原则和规范，调整资产阶级内部的政治关系，为资产阶级统治、剥削工人阶级和其他劳动人民进行“道义”上的辩护。社会主义的政治伦理学，是无产阶级的政治道德理论，是无产阶级和广大劳动群众为建设社会主义、实现共产主义的理论武器。它的根本任务，就是揭示政治道德的发展规律，为把我国建设成为富强、民主、文明的现代化国家而斗争。具体而言，新时期政治伦理学特定的研究任务主要有以下几个方面：

1. 揭示政治道德的社会本质及其规律

认识客观事物，最根本的就是把握客观事物的内在本质及其发展规律，只有这样，才能按照事物发展的客观规律去改造客观世界。认识政治道德也是如此。我们研究政治道德，就是要揭示政治道德的社会本质及其发展规律。而要做到这一点，就必须如实地面向现实的社会政治道德现象，从社会政治道德同社会物质生活条件的辩证关系、从政治道德同上层建筑其他因素的相互关系中，揭示政治道德的起源、本质和功用，并在全面考察人类社会政治道德的历史类型的基础上，探求政治道德发生、发展的历史必然性和客观规律性，特别要揭示社会主义政治道德的发生、发展的历史必然性和客观规律性。

2. 概括和建设政治道德的规范体系

道德本质上是一种社会规范，它主要以社会规范的形式来调整人与人之间的社会关系，约束导向和激励人们的道德行为，从而保证社会生活的良好秩序。因此，道德规范体系的建设乃是伦理学的重要任务，也是社会道德建设的重要任务。作为伦理学分支学科的政治伦理学也不例外。它一方面,要从现实的社会政治道德生活中,总结和概括社会政治道德生活经验,并上升为具有规范意义的政治道德准则;另一方面,要从社会发展的客观必然性和目的性相结合出发,自觉地进行社会政治道德规范体系的建设,为建设高度的社会精神文明和制度文明创造良好的精神条件。

社会主义政治道德是社会主义经济、政治关系的产物,是工人阶级和广大劳动群众得利益的反映和体现,是人类社会政治道德发展的新境界。因此,社会主义政治道德规范体系的建设,必须以马列主义、毛泽东思想为指导,特别要以邓小平理论、"三个代表"重要思想和科学发展观为指导,从社会主义新时期的现实需要和实践要求出发,总结和概括社会主义政治道德经验,尤其是社会主义新时期的政治道德经验,批判继承人类政治道德的一切优秀遗产,不断完善有中国特色的社会主义政治道德规范体系。

3. 探寻从政者的道德品质及其形成规律

政治伦理学研究的根本目的,就在于不断提高社会公民的政治道德素质,尤其是从政者的道德素质。要建立现代社会的民主政治,不仅要有完善的法制和法治,而且还要有较高的政治道德素质。前者是"硬件"建设,是民主政治建设的基础;后者是"软件"建设,是民主政治建设的关键环节。两者相互支持,缺一不可。因此,政治伦理学的重要任务之一,就是探寻从政者的道德品质及其形成规律,把政治道德内化为所有社会公民,尤其是从政者的政治道德品质和政治道德信念,增强从政者分析、评价和选择政治道德行为的能力,提高从政者的政治道德素质和政治道德境界。

社会主义政治伦理学,为了有效地提高社会主义公民尤其是从政者的政治道德素质,必须从社会主义初级阶段的现实状况和发展趋势出发,总结在社会主义新时期政治道德中,先进人物的崇高品德及其成长过程的经验与教训;研究社会主义新时期从政者应该具有的人生观、价值观、道德观以及道德品质和道德行为,探讨造就社会主义从政者的道德品质的社会活动规律和个人活动规律;同时,还要研究与社会主义从政者道德品质形成和提高的有关条件和问题,诸如道德教育和道德修养、理想和现实、人性的善与恶、环境与个人、道德行为的自由与必然等等。

4. 批判和清除剥削阶级政治道德的流毒和影响

政治是阶级的政治,政治的根本特征是强烈的阶级性,在政治存在的时代,政治都有两重性,即一般的社会性和特殊的阶级性。而其特殊的阶级性则占主导地位。因此,在现实社会生活中,政治道德的构成是复杂的:新的社会主义政治道德在日益生长、形成和发展;旧的剥削阶级政治道德还在不同程度地存在并发生着影响;而随着对外开放的发展,西方资产阶级政治道德传播进来,其中其腐朽、没落的道德价值观念及生活方式,也在不同程度上腐蚀着一些人的灵魂。因此,要建立和完善社会主义政治道德就必须在不断推进政治体制改革的同时,一方面认真清除旧的剥削阶级政治道德的余毒和影响;另一方面,坚持批判、抵制西方资产阶级腐朽政治道德的侵蚀,从而保证社会主义政治道德的发展,形成良好的社会政治道德风尚。

(二)政治伦理学的研究方法

科学方法是达到科学研究目的的手段,政治伦理学不仅要科学地规定研究对象,明确研究任务,而且要有科学方法。辩证唯物主义和历史唯物主义是马克思主义政治伦理学研究的世界观和方法论基础。政治伦理学研究出了采用传统的归纳法、演绎法和比较法之外,历史分析方法、阶级分析方法和理论联系实际方法,则是它的基本方法。

首先,作为意识形态的政治道德,是上层建筑的组成部分,它既由经济基础所决定,是经济基础的反映,又为一定的政治、法律、宗教、文化等思想所制约。政治伦理学要全面说明政治道德现象,探寻其发展规律,不仅必须在经济中去寻找政治道德来已存在的经济基础,到物质利益关系中去寻找政治道德的根源,而且必须审视政治、法律、道德、文化、艺术、宗教等对政治道德的制约和影响。离开了一定的历史条件,离开了历史分析方法,就不能对政治道德现象给予全面的科学的说明,揭示出其产生和发展的规律。以往的非马克思主义政治伦理学,在研究方法上的根本错误,就在于脱离人的经济关系,脱离经济决定道德的原则,采取抽象的、历史唯心主义的研究方法。

其次,阶级社会中的任何政治道德都是一定阶级利益的反映和体现,为一定阶级的经济、政治利益作道德上的论证,具有强烈的阶级性。阶级分析方法,是阶级社会里研究社会历史的基本方法,也是研究政治伦理学的基本方法。正如列宁所说:“马克思主义给我们指出了一条指导性的线索,使我们能在这种看来迷离混沌的状态中发现规律性。这条线索就是阶级斗争的理论。”[1]把这个理论运用于历史现象的分析,就是阶级分析方法。掌握了这一方法,就能使马克思主义政治伦理学成为无产阶级巩固和实现社会主义事业而奋斗的思想武器。所有剥削阶级思想家,都反对用阶级分析方法研究政治伦理学。他们表面上装出一副“科学公允、无党无私”的面孔,进行所谓超阶级的道德研究和道德说教,实际上是企图取消阶级分析的研究方法。

再次,政治道德理论来源于人们的政治道德实践,又反过来指导人们的政治道德实践。理论和实践的统一,是马克思主义的根本特点,也是政治伦理学研究的一个基本方法。毛泽东说:“理论的基础是实践,又转过来为实践服务。”[2]政治伦理学是一门阶级性很强的科学,也是一门实践性很强的科学。对于无产阶级和广大劳动群众而言,政治伦理学之所以重要就是因为它能够指导人的行为,为人们的政治活动和道德选择、道德评价指明方向。坚持理论联系实际,就是要在掌握马克思主义的基本原理的基础上,运用马克思主义的立场、观点和方法去分析、研究历史与现实中的政治道德现象,从中找出其规律性。要坚持这一方法,一方面要认真学习马克思主义基本理论,以此来联系实际。另一方面又要从实际出发,认真调查研究,实事求是,有的放矢地研究政治道德实践中的各种问题,从中找出政治道德发展的规律性,积极地指导人们的政治道德实践。

从人类文化思想的发展历史来看,任何理论、学说的提出和思辨都是时代的产物,也是时代的先声。在这一个充满深刻变革的新的历史时期,加强对政治伦理学的学习和研究,不但具有重大的理论价值,也具有重大的现实意义。

四、政治伦理学研究的历史发展

政治伦理学作为政治学和伦理学交叉共生的一门学科,其产生和发展经历了一个漫长的历史过程。从历史的角度看,政治伦理学的形成和发展,经历过三个大的历史时期。

(一)古代政治伦理学研究状况

在人类社会进入阶级社会之后,政治领域的道德问题就产生了,因而也

---

① 《列宁选集》,第2卷,人民出版社1960年版,第587页。
② 《毛泽东选集》,第1卷,人民出版社1991年版,第274页。

就出现了对政治道德进行的研究。从奴隶社会到封建社会的整个古代时期,在中国,周朝就开始了政治道德的探讨。周公在总结夏、商兴亡的历史教训时指出:“惟不敬厥德,乃早坠厥命。”[①]政治道德问题也就成了直接关系到国家兴衰存亡的问题。在西方,古希腊雅典国家形成时期就已关注到了政治道德,梭伦提出了他的公正观,为其推行的政治变革开辟道路。

1. 中国古代的政治伦理思想

中国历史上,长期占据统治地位的思想学说是儒家思想,儒家思想中诸如仁、义、礼等范畴,既是政治的,又有伦理方面的意义。由于社会认知意向所决定,古代思想家往往站在伦理道德的立场上去认识社会政治,在观念形态上把社会伦理规范政治化,同时又把社会政治伦理化。在中国政治思想史上,汉唐时期的儒学、宋明时期的理学都具有十分鲜明的政治伦理一体化的特征。孔子是中国古代重要的政治活动家,又是中国古代最有代表性的伦理学家,特别重视对政治道德的研究,认为道德是政治的根本,治理国家首先应注重道德教化,强调“为政以德”。[②] 继孔子之后,孟子提出了著名的仁政学说。他认为治国必须实行仁政,这是关乎天下得失的根本问题。在他看来,实行仁政,可以无敌于天下,“行仁政而王,莫之能御也。”[③]他把依靠道德实行仁政进行统治的,称为“王道”;把仗恃武力而假借仁义之名施行统治的,称为“霸道”。王道使天下归心,霸道则使天下离心;实行王道,上要“正君心”,下要“明人伦”,把“仁政”和“德化”结合起来,则得民心,“得其民,斯得天下矣。”[④]。孔孟的政治伦理思想在汉武帝“罢黜百家,独尊儒术”之后,一直被历代封建统治阶级所推崇,直到今天仍然有着深远的影响。

2. 古希腊的政治伦理思想

古代希腊的思想家们对政治伦理的研究成果,既是近现代西方政治伦理研究的源头,也是古代政治伦理研究的高峰。古希腊的政治思想家认为,城邦是自然而然形成的,是由各种自然的社会组织(家庭、部落和村社等)自然进化的产物,它不是个人的集合体,更不是起源于社会契约。城邦是一个有机共同体,个人是其有机的组成部分。个人的价值依存于城邦,离开了城

① 《尚书·召诰》。
② 《论语·为政》。
③ 《孟子·公孙丑上》。
④ 《孟子·离娄上》。

邦，人就不能实现自己的价值，不能过正常人的生活，因而也不能完善自己。在个人与国家之间的关系上，将国家视为第一位的，个人是第二位的。个人没有独立的价值，个人只有融于整体. 为其献身，才能实现自己的价值。每个人紧密地结合于城邦中，离开了城邦，他就失去公民身份。所以. 每个人的生命、财产和能力，都不是私有的，都属于城邦。城邦国家的产生是符合人性的根本要求的，城邦国家的存在，也恰恰是保证人类的幸福和美善。因此亚里士多德认为："政治团体的存在并不是由于社会生活，而是为了美善的行为。"①人作为一个政治动物，最基本的政治道德是公正和友爱。

(二)近代政治伦理学研究状况

西方较中国更早地开始了资本主义生产关系的变革，其资产阶级的政治伦理思想对中国近代政治伦理思想的变革产生了深刻的影响。

1. 近代西方政治伦理思想

西方的近代史是从文艺复兴之后开始的。文艺复兴是资产阶级，也是人类历史上一次伟大的思想解放运动。在文艺复兴运动中，资产阶级用人文主义思想反对封建神学。他们提倡理性、反对神性，提倡个性自由，反对封建等级桎梏，提倡个人现世的幸福，反对教会的禁欲主义。他们把理性、个人自由和追求个人幸福看做是人类普遍的、永恒的本性. 以此论证他们摆脱封建制度的束缚，追求自由与幸福的要求的合理性。在此后300多年的历史发展过程中，政治伦理学呈现出了百花争艳的繁荣状态，名家辈出，流派纷呈。其中主要代表人物有马基雅维利、洛克、卢梭、杰斐逊等。

马基雅维利是现代政治学的奠基者，《君主论》是其代表作。马基雅维利一反古代和中世纪研究政治问题的方法，摆脱了道德和神学规范的束缚，开始从人和人的经验出发，总结国家强弱和权力得失的原因。在西方他最早把政治的实质看做权力问题，将法律、军队、权术等治国要策视为权力的工具，主张国家的根本问题是统治权，统治者应以夺取和保持权力为目的。在统治者采用什么政治权术的问题上，马基雅维利极力主张不受任何道德准则的束缚，可以来用各种手段去实现自己的目的。

洛克是英国资产阶级革命时期著名的政治思想家和哲学家，古典自由

① [古希腊]亚里士多德:《政治学》，吴寿彭译，商务印书馆1965年版，第104页。

主义的鼻祖,《政府论》是他研究政治学和政治伦理学的代表作。在《政府论》中,洛克认为,人人天生都是自由、平等和独立的,任何人都不得侵害他人的生命、健康、自由和财产。为了保障这种天赋人权的实现,人们便订立社会契约,建立政治社会,组成国家。因此,政治权力来源于人们天生权利的部分让与,政府行使政治权力的唯一和重要目的在于保护人们的自由、生命和财产。

卢梭是法国资产阶级革命前夕重要的政治思想家和伦理学家。他研究政治伦理学的成果主要体现在《论人类不平等的起源和基础》《社会契约论》和《爱弥儿》中。他认为,道德与政治是不可分的,“必须通过人去研究社会,通过社会去研究人;企图把政治和道德分开来研究的人,结果是这两种东西一样也弄不明白。”①人的堕落是因为人类不平等造成的,特别是封建的专制主义更使人类道德败坏,丧失了天赋的自由和平等的权利。因而,要使人道德高尚,必须推翻现存的封建专制制度,按照社会契约建立起人人自由平等的新社会。在新社会中,应当按照好的法律来治理社会,一切都是出自公正的,人人在道德上都是平等的,国家将保障每个人的利益和幸福。

杰斐逊是美国独立战争时期和战后初期杰出的政治家和民主主义思想家,他起草的《独立宣言》中所阐述的自然权利理论,为美国人民的反英斗争提供了理论依据。杰斐逊认为,所有人都是平等的,“生命、自由和追求幸福的权利”是上帝赋予人们的“不可让渡的权利”。为了更有效地保障这些权利,人们才通过契约成立政府。政府则是由于被统治者同意而取得的正当权力,同时,人们在订立契约成立政府时,并未放弃自己的权利,而只是使这些权利由于得到政府保护而更加安全。如果政府损害了人民的权利,实行暴政,人民就有权改变或废除这一政府,成立新的政府。

2. 中国近代政治伦理思想

鸦片战争开始后,西方政治思想开始输入中国。早期资产阶级改良派提出了“中学为体,西学为用”的思想,率先向中国介绍了包括政治伦理在内的西方政治思想,打破了传统儒家政治伦理一统天下的局面,为后期维新派和革命派的政治伦理思想奠定了基础。

维新派以进化论与朴素辩证法相结合的宇宙发展观,以公羊三世说为

① [法]卢梭:《爱弥儿》(上卷),李亚沤译,商务印书馆1978年版,第327页。

内容的社会历史观，阐发优胜劣汰、适者生存的理论。以反对封建顽固派“好古而忽今”的“天不变，道亦不变”的形而上学思想，提出：中国要生存，必须变法图强；以欧洲资产阶级革命时期的“天赋人权论”为武器，揭露和批判中国几千年来存在的君民关系是主仆的关系，提出“主权在民”的思想，他们还主张学习西方资本主义国家实行“三权分立”的原则，通过设议院、开国会，立宪法等形式，在中国实行立法、司法、行政三权分立的君主立宪政体。

戊戌维新思想是通过康有为、谭嗣同、严复等人的理论概括与思想升华得以发展形成的。康有为作为早期维新思想的集大成者、戊戌维新的领袖，通过《新学伪经考》《孔子改制考》，为戊戌变法奠定了理论基础。他提出的政治纲领，指导了变法运动，他的“大同思想”则为维新派指明远大的奋斗目标。严复作为有影响的启蒙思想家主要是系统地将西方社会科学与自然科学有关理论介绍到中国。他翻译的进化论思想，在马克思主义传入中国之前，一直在中国思想界占支配地位。他的自由民主思想，特别是“自由为体，民主为用”的提出，以及“开民智”，提倡科学，实际上成了五四新文化运动要求民主提倡科学的先声。

20 世纪初兴起的资产阶级民主革命思想，在同资产阶级改良的斗争和论战中传播和发展起来，是中国近代政治思想史上的光辉篇章。它以孙中山的三民主义学说为核心，形成了当时最先进完整的思想体系。在中国近代资产阶级民主革命思想体系中，影响较大的有陈天华的反帝思想，邹容的民主思想，秋瑾的妇女解放思想，章太炎的反满、反帝、反资本主义思想等等，而其中的集大成者则是孙中山。孙中山的三民主义学说，是资产阶级民主革命思想的最高成果。孙中山是中国资产阶级民主革命的领袖。为了推动资产阶级革命的发展，他制定了“驱除鞑虏，恢复中华，建立民国，平均地权”的革命纲领，提出了“民族、民权、民生”的三民主义思想，成为中国旧民主主义革命的思想武器。孙中山认为，社会不平等是暴虐无道的特殊阶级和腐朽的政治制度造成的，只有通过民权革命打破等级压迫的阶梯，才能造成一个理想的社会和国家。这个理想的社会和国家，是真正自由、平等和博爱的地方。为了实现这个社会理想，就必须人人崇尚道德，明了公理，造就完善的人格，才能推动社会的进步。

（三）现代政治伦理学研究状况

在现代，政治伦理学的研究突飞猛进，政治伦理学作为一门独立的学科建立了起来,一批专门研究政治道德的专著涌现出来。

1. 西方现代政治伦理学研究状况

19 世纪末,西方传统自由主义获得了它的现代形式,并一直发展到现在。现代自由主义内部有激进(左)与保守(右)之别,激进的自由主义学界称为新自由主义,保守一方则称为保守自由主义或自由保守主义,是在新的历史条件下对传统自由主义的复归,因而又被称为新古典自由主义。在政治伦理问题上,新自由主义和保守自由主义争论相当激烈。新自由主义以新个人主义、凯恩斯主义为理论基石,宣扬积极的自由权利,批判消极的自由权利,力求把个人自由与公共利益、个人自由与社会发展相统一,主张个人与社会的合作,反对传统自由主义的"警察国家"、"最好的政府是管理最少的政府",呼吁建设自由主义的福利国家,维护政治共同体的道德形象。比如,第二次世界大战前的托马斯·格林就从人是一种道德的存在物,有着共同的道德理想———追求共同的善出发,认为国家也是一种道德力量,有助于扬善避恶,有助于排除个人道德发展的障碍,因而是人们实现道德的必要保障。

新自由主义和保守自由主义不仅是在理论倾向上存在着差异和对立,而且在诸多具体问题上特别对正义、对权利与善、对自由与平等基本价值范畴的理解上也存在着重大的差异。比如,罗尔斯和诺齐克之间关于正义问题的论争,实际上是围绕自由与平等这两种价值的优先性的争论。在《正义论》中罗尔斯强调平等的优先性。他的基本观点是:人们所享有的基本权利必须是平等的;在现实中人们享有社会价值的份额可以是不平等的,但这种不平等必须符合最少受惠者的利益,并且尽可能地缩小这种不平等的差距。他试图将"机会均等"和"结果均等"统一协调起来,主张实质性的平等而非程序意义上的平等。与此相反,在《无政府、国家与乌托邦》中诺齐克认为,把本来不平等地属于每一个人的利益进行平等的分配本身就是不平等的,一种人为强制的平等是最不可忍受和饶恕的,从而把自由视为首要价值。当代保守主义的代表人物萨托利则表达了他对自由与平等关系的看法:"平等既可以成为自由的最佳补充,也可以成为它最凶恶的敌人。平等与自由的关系是一种既爱又憎的关系,这取决于我们所要求的是与差异相适应的平等,还是在每一项差异中找出不平等来的平等。平等越是等于相同,被如此理解的平等就越能煽动起多样化、自主精神、杰出人物,归根到底也是对自由的厌恶。”[1]同时，自由主义坚持“权利优先于善”、“正义对效率与福利的优先”的义务伦理观，极力批判功利主义的目的论的伦理观，却又遭到社群主义者“善优先于权利”的反批判。

思想纷呈、派别林立、争论不断的现代自由主义在把西方政治伦理推进一个新阶段的同时，也把资本主义制度雕饰与装扮得富有“人性”与“道德”。当然，这只是自由主义者的一相情愿，由于制度本身的诟病，他们的设计与筹划还难以实现合情合理，因而不断遭到批判。

2. 中国现代政治伦理学研究状况

在中国进入现代历史之前，由于政治与伦理的一体化，使得学科的分化和独立发展受到一定程度的阻隔，伦理学的独立和体系化发展是20世纪以后伴随着西方伦理学的输入和中国新式学堂的建立及分门别类地进行教学等的需要而形成和发展起来的。虽然在20世纪上半叶也有一些论及政治道德的文章和著作，但大多是对中国古代政治伦理的初步整理，总体上并未涉及政治伦理学的基本原理，只能算是政治伦理学形成的前奏或序曲。中华人民共和国成立后的前30年特别注重用政治的手段来推进道德建设，含有强烈的道德政治化色彩，特别突出政治对经济、法律、道德等的决定作用，而未注重政治的道德化，致使科学意义上的政治伦理学始终未能形成。自改革开放以来，社会科学工作者对政治伦理问题给予了极大的关注，进行了深入地探讨研究，使政治伦理学作为一门独立、系统的应用学科得以形成和发展。

近年来，我国对政治伦理的研究在一些方面取得了一定的成果。诸如对政治伦理学的基本范畴的界定，很多学者对此持有不同的看法，例如：政治伦理就是各个政治主体（包括阶级、集体或个人）在政治活动中所信奉和实践的伦理精神及道德规范；有学者认为，政治伦理涉及的是以国家政权为核心的各种政治现象、政治关系和政治活动中的伦理道德问题；政治伦理是指处理政治关系、解决政治问题、开展政治活动“应当”遵循的普遍法则；也有学者认为政治伦理仅仅关涉政治正义性问题。不论对政治伦理作何种界定，对政治伦理的关注往往是与对现实政治问题的关注紧密联系在一起的。可以认为，我国学术界对政治伦理的研究与我国经济和政治体制改革的进

---

① ［美］萨托利：《民主新论》，冯克利、阎克文译，东方出版社1998年版，第388页。

行是基本同步的。随着改革的进行，政治伦理的研究从最初的只是一般性地讨论政治与道德的关系问题，到关注在改革中所面临的一系列社会和政治问题，诸如，公平和效率的关系问题、制度伦理问题、契约伦理问题、政党道德问题、环境伦理问题等等，都不可避免地构成了政治伦理研究的课题。事实证明，对这些问题的关注和讨论，不仅有力地推动了政治伦理的理论研究，而且，对社会的改革实践也产生了重要影响。近年来有学者已开始尝试构建政治伦理学的学科体系，2007 年戴木才教授主编的《政治伦理学前沿丛书》，选取了《政治伦理的现代建构》《现代政治领域中的“法治”与“德治”》《中国共产党执政道德建设》《国家与道德》《非政治公共领域与法——一种社会科学分析》《环境正义——发展中国家环境伦理问题探究》《经济人与经济制度正义——从政治伦理视角探析》，从八个重大理论或现实问题为切入点，结合我国社会主义现代化建设的实际需要，进行了深入的理论研究，代表了当前政治学伦理领域的最新研究成果，进一步丰富了政治伦理学的学科体系。学科体系意识对政治伦理的研究、政治伦理学的学科建设都是必需的，应该说，构建有中国特色的政治伦理学学科体系，是政治伦理学研究的重要目标之一。

第一章　政治道德

第一节　政治道德的起源及其在阶级社会的历史演变

政治道德作为政治的道德属性或维度，属于社会意识范畴，同其他社会意识形态一样，有其产生的历史条件，并随着社会历史条件的变化而变化。由于它是由政治来承担的，即通过政治视野来确定政治道德的本质，所以，政治条件的变化对它又起着直接的杠杆作用。那么，它在历史上是怎样产生的？又是怎样发展的呢？

一、政治道德的起源

政治道德是反映政治与道德关系的范畴，是人们的政治生活与道德生活相互结合、相互渗透的结果。没有道德，就无所谓政治道德；没有政治，也不可能有政治道德。

我们知道，道德萌芽于人类的早期劳动和简单交往，形成于社会分工的出现。随着社会物质生活的发展与社会交往范围的扩大与丰富，产生了道德意识，形成相对独立的道德生活，并成为社会整体系统中一个不可忽视的要素，对社会整体系统的其他要素乃至对社会整体系统自身有着重大影响。

但政治在人类历史上的出现则是阶级、国家出现以后的事，晚于道德的出现。在原始社会，不存在我们所说的政治。虽然原始社会时期，氏族与部落也有一些属于公共性质的事务需要管理，但由于阶级尚未产生，一切都听命于风俗、习惯与禁忌。就连首领的权威，就像恩格斯所说的，“纯粹是道德性质”，并不具有我们所说的政治性质。

自从阶级与国家出现以后，人类社会生活分为公共领域与私人领域，整个社会道德也以此分为政治道德与私人道德。作为政治道德存在的公共领域是指有着明确公共价值的领域，是政治权力发挥其作用的领域，是运用强制性手段的领域。将政治道德定位于公共领域，而不是整个社会生活领域，先将政治与道德分野，而不是混为一谈，才能更好地探讨与研究政治与道德相互之间的关系。

随着私有制的出现，原始社会那种人与人的平等关系被剥削与剥削关系代替。统治阶级为了维护本阶级的经济政治利益，一方面借助国家机器维护与强化这种剥削关系，同时又借助其政治道德教化功能，从理论和道德上为其剥削统治的“正义性”、合理性进行辩护，从而麻痹人们的斗志，软化被统治阶级的反抗意识。如在西方，闻名于世界的“希腊四主德”——智慧、勇敢、节制、正义，在德谟克利特、苏格拉底的思想中已见端倪。亚里士多德更是将国家的目的规定为最高的善，将政治视为追求“至善”的活动。我国古代统治阶级有所谓的“德威并济”的说法，如西周统治者强调“以德配天”。孟子认为“怀仁义以相接也，然而不王者，未之有也”①，将“仁”与“不仁”看做是国家废兴存亡的决定因素。

由此，我们可以看出，作为政治与道德结合的政治道德，是在阶级出现以后，更确切地说，是在国家政权出现以后，统治和奴役出现以后，社会生活分为私人领域与公共领域以后，人类进入文明社会出现的。政治道德一开始就是为了适应统治阶级进行思想统治的需要而出现的，是直接为统治阶级的政治服务的。

二、政治道德在阶级社会的历史演变

任何道德都是建立在一定社会物质生活条件之上的，社会物质生活条件的变化，必然会引起道德变化。政治道德作为反映人们政治关系和调解人们政治行为的一种社会意识形态，必然也随着社会物质生活条件的变化而变化。人类历史已经历了奴隶社会、封建社会、资本主义社会三个以私有制为基础的发展阶段和社会主义的发展阶段，政治道德也在这个历史发展过程中采取了各具特点的形式。

---

① 《孟子·告子（下）》。

(一)奴隶社会的政治道德

奴隶社会是人类历史上第一个以私有制经济为基础的阶级社会,奴隶主不仅完全占有社会全部的物质生产资料和精神生产资料,而且也完全占有奴隶本身。奴隶没有任何生产资料与人身自由,更谈不上人格尊严。国家政权完全成了奴隶主剥削压迫奴隶的工具。在这种政治经济条件下,奴隶和奴隶主的政治道德是不一样的。奴隶主的政治道德主要表现在以下两个方面:

1. 要求对奴隶制国家绝对忠诚和无条件服从

奴隶主为了巩固自己的经济、政治上的利益和权利,也为了对外侵略、掠夺的需要,要求所有的人必须绝对忠于奴隶制国家。忠于奴隶制国家是奴隶制社会最高的政治道德。作为奴隶主阶级的统治机构——国家,根本没有奴隶的任何权利与地位,不能指望奴隶从情感上来认同这样的国家,因此奴隶主阶级只能要求奴隶主与自由民对国家绝对的忠诚、勇敢,忠诚与勇敢是他们最基本的政治道德。亚里士多德在其名著《政治学》中曾明确指出,为奴隶主贵族的国家效力,是“最高的善”。

2. 对奴隶进行残暴统治与镇压

奴隶在政治和道德上都毫无权利自由,根本没有独立人格,他们只被当做是“会说话的工具”或“活的工具”。他们不但可以被奴隶主用来交换、买卖和赠送,而且也可以随意侮辱和杀害。奴隶主从不反省与检讨自己残暴的统治方式,而是迷信武力,对奋起反抗的奴隶进行残酷与毫无人道的镇压。中国历史上的夏桀、商纣就是奴隶主暴君的突出典型。

奴隶主的残暴统治必然会激起奴隶的斗争与反抗。在斗争与反抗中,他们形成了平等、仁爱的政治道德要求。原始基督教关于平等、博爱观念,正是广大奴隶和被压迫者心声的反映。

总的来说,奴隶与奴隶主之间围绕国家政权、奴隶主阶级的统治展开的对立与斗争是奴隶社会政治道德的基本内容。

(二)封建社会的政治道德

封建社会地主阶级占有绝大部分土地和其他生产资料,但一般并不占有劳动者的人身,而是通过地租形式进行剥削;农民对地主的依附,也主要是通过租佃关系来体现的。农民获得了一定的人身自由。地主阶级掌握国家政权,实行专制统治,以强化宗法等级制度。中国的封建社会发展最充分,主流的政治道德是以儒家的政治道德思想为代表。

在儒家的政治道德思想中,政治与道德是互相融合的、统一的。他们提倡以"仁"和"礼"为核心的政教一体化机制来统治国家。"仁"是他们的最高理想,也是其政治道德的最高范畴和基本原则;"礼"是从外部来维系宗法等级制的枷锁。他们互为表里、互为目的、缺一不可。由此出发,封建社会主流的政治道德主要可以归纳为以下几个方面。

1. 忠于君主

封建社会是一个等级森严的社会,君主处于社会等级的最顶端,是国家的象征,是地主阶级的代表。人与人之间的关系,完全是一种人身依附关系。农民依附于地主,地主依附于更高的领主或诸侯,领主与诸侯又依附于国君或皇帝。因此,封建社会占统治地位的政治道德首先表现为忠于君主。这不仅是对封臣的要求,也是对一般臣民的要求。我国西汉时期董仲舒提出了"三纲五常"伦理道德要求与规范体系,后经历代封建统治者的提倡和推行,逐步形成了封建社会政治道德的基本要求。下级对上级要绝对地服从,"犯上作乱"就是"大逆不道",图谋反抗就是不忠,以此来钳制和麻痹人民的思想。

2. 实行仁政

儒家也希望封建帝王能做"仁君",而不要做暴君,要"为政以德"。孔子说:"为政以德,譬如北辰,居其所,众星拱之。"[①]对封臣要讲"礼",对百姓也不能过于苛暴,这样才能谋得天下的长治久安。孟子继承和发展了孔子的德治思想,发展为仁政学说,成为其政治思想的核心。这种"仁政"思想在封建统治中一直作为统治者的政治道德被强调、被要求,造就了中国特有的政体与人格。

3. "敬德保民"

这是封建社会的"官德",它要求百官令长做到奉公守法,清正廉明,尊贤敬教,忧乐天下。为了确保这种政治道德能贯彻执行,他们特别强调"孝"道和"修身"。因为只有"孝"才能"忠",而"修身"则是"治国"、"平天下"的

① 《论语·为政》。

关键。

儒家的政治道德思想相对于奴隶社会来说，显然是进步了许多，对促进封建社会的发展也发挥了重要的作用。但其在根本上是为了维护宗法等级制度和封建专制，在道德实践中无法做到真正的“仁政”与“敬德保民”，从而激起农民的反抗。农民阶级在反抗地主阶级的斗争中，提出了“均贫富，等贵贱”等反对宗法等级制度和封建专制主义官僚特权统治的政治道德要求。但是，由于受时代的局限以及小农经济的影响，他们不可能提出和形成系统的政治道德思想。

（三）资本主义社会的政治道德

资本主义的政治道德是在反对封建等级制的基础上、随着资本主义的发展而逐渐形成与发展起来的。在中国，资本主义发展很不充分，所以，我们以欧洲为例来说明这一时期政治道德的一般情况。

资本主义政治道德渊源于基督教文化传统、人文主义思潮以及科学理性主义。人文主义先驱们、启蒙思想家们在反对宗教神权和贵族专制过程中，提出了自由、平等、博爱、人权和人道主义等口号，为资产阶级的政治道德奠定了思想理论基础。基本论点如下：

1. 天赋人权

资产阶级在反对封建等级制、宗教神权基础上，提出了平等与人权的要求。他们以抽象的人性为出发点，追求个性解放，要求尊重人的价值，认为这是人们天赋的权力，不能被剥夺。他们从资产阶级本性出发，认为人的本性是利己的，具有趋利避害的本能，自爱和自利是人的本质，利己主义是合理的，符合道德的。因此，为了达到个人的政治目的不择手段，是符合政治道德的。

2. 政治的民主制

他们要求废除封建专制，实行民主。他们认为，民主制是实现政治道德合法化的唯一方法。他们要求实行代议制，限制或取消君主权力，以资产阶级民主政治代替封建君主专权。

3. 在政治生活领域，标榜自由、民主、平等的原则

在政治生活领域中，他们标榜自由、民主、平等等原则，不仅将它们作为政治生活原则，同时也作为道德生活中的原则。伏尔泰提出“人人自由、人

人平等”的口号，斯宾诺莎也明确提出“把所有的人都看做是平等的，对每个人的权利都一样地加以保卫。”[①]总之，资本主义社会政治道德的基本内容是以个人主义和利己主义为核心，以追求个性解放、人道主义为旗帜，以民主、自由、平等为原则，与封建社会的政治道德相比较具有一定的进步意义。但由于资产阶级的极端利己主义本性，为追求金钱与资本不择手段，对工人阶级进行敲骨吸髓的剥削与压迫，这些都必然决定了“自由”、“平等”、“博爱”、“正义”等思想都具有强烈的资产阶级性质。

（四）社会主义社会的政治道德

社会主义社会的政治道德是马克思主义政治道德在社会主义条件下的具体体现，是社会主义经济、政治制度的具体反映，它是马克思、恩格斯、列宁、毛泽东、邓小平等无产阶级革命家、思想家在无产阶级革命与斗争中、在社会主义建设实践中不断形成与发展成熟起来的，是人类政治伦理思想史上的一场革命性变革。

1. 社会主义政治道德从创立开始就从根本上改变了以往政治道德的阶级内容和服务对象

马克思、恩格斯在《共产党宣言》中明确地指出：“过去的一切运动都是少数人的或者为少数人谋利益的运动。无产阶级的运动是绝大多数人的、为绝大多数人谋利益的独立运动。”[②]列宁在《青年团的任务》中指出：“我们的道德完全服从无产阶级斗争的利益。我们的道德是从无产阶级斗争的利益中引申出来的。”[③]

2. 社会主义政治道德把人的解放作为它的起点和归宿

马克思主义认为“代替那存在着阶级和阶级对立的资产阶级旧社会的，将是这样一个联合体，在那里，每个人的自由发展是一切人的自由发展的条件。”[④]毛泽东提倡共产党员要将大公无私、襟怀坦白、忠诚积极、全心全意为人民服务作为无产阶级政治道德的核心。改革开放时期，从邓小平提出“三个有利于”到十六大的“三个代表”、十七大的“以人为本”等思想的提出，都

---

① ［荷］斯宾诺莎：《神学政治论》，温锡增译，商务译本 1963 年版，第 220 页。

② 《马克思恩格斯选集》，第 4 卷，人民出版社 1995 年版，第 262 页。

③ 《列宁选集》，第 4 卷，人民出版社 1960 年版，第 352 页。

④ 《马克思恩格斯选集》，第 3 卷，1995 年版，第 323 页。

极其明确地将人的解放作为实现这一任务的方向与要求。

3. 社会主义政治道德将坚定的社会主义政治方向，忠于共产主义事业，全心全意为人民服务作为自己的基本原则

社会主义政治道德的基本原则是社会主义条件下从事政治活动必须自觉遵守的根本行为准则，是社会政治活动的性质和目标的反映。坚定正确的政治方向，就是要坚信社会主义和共产主义事业的正义性和优越性，坚定不移地走中国特色的社会主义道路。不管国际局势如何复杂，都要有坚定的信心与信念。要有高度灵敏的政治嗅觉，自觉地与否定社会主义方向的行为作斗争。同时要投身社会主义建设事业，坚持四项基本原则，立足本职工作，全心全意为人民服务，为实现共产主义而奋斗。

第二节　政治道德的本质、结构和社会作用

考察政治道德的起源与发展过程，对于我们科学地理解与把握它的本质，提供了必要的历史背景和前提。

一、政治道德的本质

所谓本质，是指事物的根本性质，是一事物区别于其他事物特性的方面。它是由事物本身所包含的内在的特殊矛盾所决定的。政治道德的本质就是由它内在的特殊矛盾所决定的。

（一）政治道德作为一种组织道德，是社会经济政治状况的体现和反映

1. 政治道德的性质是由社会组织结构的性质决定的

从奴隶社会的政治道德、封建社会的政治道德、资本主义社会的政治道德、社会主义社会的政治道德，之所以能够呈现出不同的表现形式，其根本原因就在于它赖以发生和存在的社会组织结构的不同。

2. 政治道德的直接根源在于一定阶级的政治经济利益

政治道德作为一种价值判断，它所维系和反映的是不同阶级、不同阶层的不同利益，为一定阶级的政治经济利益进行辩护与说教。在阶级社会中，

政治道德往往打着“社会整体利益”的幌子，其实质在于维护和保证统治阶级利益。因此，任何政治道德都具有阶级性，根本不存在全社会统一的政治道德规范与政治道德观念。

3. 不同类型的政治道德体系所蕴涵的政治价值也根本不同

政治价值是价值在政治领域的显现，是政治领域“有意义”的事物的“一般价值”形态。无论人们对政治作何种解释，从根本上说，政治体现了人们的利益关系；政治价值则是政治主体在政治活动中的需要及选择，其核心是物质的和精神的利益。正如马克思、恩格斯指出：“人们自觉地或不自觉地，归根结底总是从他们阶级地位所依据的实际关系中——从他们进行生产和交换的经济关系中，获得自己的伦理观念。”①

4. 社会经济结构的变化总会直接或间接地在政治道德的变化体现出来

政治道德根源于社会发展过程一定阶段的经济关系，并随着经济关系的变化而变化。因此，政治道德总是具体的、历史的和不断发展变化的。从辩证唯物主义的观点看，政治道德的这种变化可以从两方面来加以考察。一方面，从质变的角度来分析，当社会发生明显的变革时，由于阶级关系和阶级地位的变化，新的政治道德必然要代替旧的、落后的政治道德，完成一种道德的质变；从量变的角度分析，不仅新政治道德取代旧政治道德是一个逐渐完成的过程，而且新政治道德要确立自己的统治地位同样也需要一个时间过程，不可能一蹴而就。

（二）政治道德是调节组织政治活动的特殊规范和方式

从整个社会历史进程的角度看，我们将政治道德归结为一种由社会经济基础决定的社会意识形态。但这不过是揭示了政治道德的最为一般的社会本质。因为政治道德是反映道德与政治关系的范畴，所以，政治道德是通过政治来承担的，具有政治的维度。政治要求政治道德指向政治，切合政治的本性，以政治的目的为目的。同时，政治道德以道德为门宗，具有道德的维度。道德要求政治道德指向道德，并以促成政治具有道德的性质为根本目的。这两种属性是相互联系、缺一不可的，因此，政治道德还有自身特殊特点。

① 《马克思恩格斯选集》，第3卷，人民出版社1995年版，第434页。

1. 政治道德对政治活动的调节是一种“软”调节

政治道德和法律规范一样,也是统治阶级意志的体现,但它不是一种制度化的规范,因此不可能拥有强制性的调节手段。政治道德发挥作用要依靠传统习惯、社会舆论以及人们内心信念才能实现。政治道德规范要在政治生活中真正发挥作用,就必须变成人们内心的意志、信念和感情,内化为人们的政治道德良心。我们不能将政治道德与政治规范、政治纪律等同起来。否则不仅无法实现政治道德的功能,而且还会导致组织关系、组织活动的混乱,从而降低组织目标实现的可能性。

2. 政治道德是组织活动规律的反映

人是一种社会存在,人类的存在与发展都离不开组织和集体。在组织活动中,人们必须自觉地维护组织利益,这既是组织活动的要求,又是个人生存与发展的必要条件。因此,政治道德规范和组织活动所要求的秩序、公理是一致的。

3. 政治道德在社会道德体系中具有优先性

政治道德作为一种从政治进化的角度而确立起来的行为规范,它必须主要考虑政治的发展和进化。而政治在社会中具有统帅作用,因而政治道德在社会道德体系中也就具有优先性。政治道德优先性原则隐含着这样一些机理:必须首先通过人们的社会存在去理解人的行为,必须通过社会政治生活去观察和研究人的行为,对个人的道德改造有赖于对社会政治的改造,个人的成长也有赖于社会政治环境的改造和更新。因此,在问人们的个人联系和交往是否合乎道德之前,首先要问人们的社会联系和交往是否道德。

(三)政治道德是一种特殊的实践理性精神

道德是人类把握世界的一种特殊方式,是一种实践理性。政治道德作为道德体系的一个重要组成部分,其实践理性精神就更为明显和突出。

1. 政治活动是人类自由、自觉活动的最高形式之一

政治道德作为政治活动的行为规范之一,与政治活动往往是直接统一的,有什么样的政治道德,就必然会有什么样的政治行为,政治行为不过是政治道德的诠释过程罢了。同时,政治道德作为政治活动的价值观,吸引和引导着人们为了自己的理想而不断努力奋斗,从而完成改造社会历史的任务。

2. 政治道德是人类实践理性精神的特殊表现形式

政治道德之所以必要,最根本的原因是因为只有结成组织和社会,才能完成社会的生产与再生产。组织、社会的秩序需要稳定,政治道德恰恰能通过培养、形成一定内心行为准则来实现社会的稳定与发展。在这种意义上,应当说政治道德是人类实践理性精神的集中体现。

二、政治道德的结构、功能与作用

(一)政治道德的结构

所谓政治道德结构,是指作为系统而存在的政治道德,其内部各构成要素的组织方式。政治道德是由政治道德意识、政治道德规范、政治道德活动三个子系统构成,其中每一个子系统又各自包含着特定的组成部分。

1. 政治道德意识

政治道德意识是指政治道德行为主体对政治行为与道德要求是否一致而在主观心理上产生的价值体验,以及与之相应的思想观点和理论体系。它是政治行为的道德认识基础。政治道德意识一旦产生,就会对人们的政治道德活动具有指导作用。人们对某种政治行为的价值体验而生发的善恶取舍的态度直接影响着每一个政治行为主体的行为选择。

政治道德意识一般可以包含如下一些层次:政治道德情感、情绪、习惯与观念、信念、意志、理想和理论体系等。这些层次,由简单到复杂,由低级到高级,构成政治道德意识这个子系统。

政治道德情感是指人们对政治义务或政治行为是否符合道德要求而在个体价值层面上产生的一种关于善恶判断的主观而朴素的感受,它是政治道德意识的初始阶段,没有经过政治行为主体的实践检验与理性分析。人们还需要在政治活动实践中不断深化认识,反思和批判自身的政治道德意识,得出一定的理性判断,形成一定的道德观念、信念、理想、意志和理论等。

政治道德观念是让人们根据一定的道德认识对政治行为的善恶在主观意识上产生的一种理性认识。它是在人们的道德判断能力提高、政治行为活动加深及政治道德情感增强的过程中,逐步形成与发展的。它是主体行为选择的理性基础,也是形成个人品质的重要条件。

政治道德理想,是指人们对于先进的社会政治制度的理性构思与认同,对政治社会中理想人格的认同和向往。它是政治道德思想中明确而具体的指示器,为具体的政治道德行为提供目标及方向。没有明确的政治道德理想,就不可能有坚定的政治道德信念及坚强的政治道德意志。

政治道德信念,是指人们对政治道德理想和要求的正确性和正义性的深刻认识与笃信,是政治道德理想与政治道德情感的结合体。

政治道德意识的这些不同层面,在实践中经常是互相联系、互相渗透和互相补充的。

2. 政治道德规范

规范是一种准则、一种标准,它是一种客观的社会需求和人们的主观意志相统一的结果。政治道德规范作为一种特殊的规范形式,是指政治行为主体(尤其是指属于统治阶级的那一部分)的普遍性政治要求的准则化、具体化、制度化。政治道德规范的具体表现形式是多种多样的,具体表现为政治道德原则、政治道德基本范畴与政治道德准则三个层次上。

政治道德原则是调整人们政治关系的各种道德规范体系的基本出发点和指导原则。它在规范体系中处于主导地位,是规范体系的总纲和精髓,最集中最直接地体现了社会本质和阶级性。

政治道德基本范畴,是指那些概括和反映政治道德现象的特性、方面和关系的基本概念,是概括和反映人们政治道德关系的最本质、最重要和最普遍的概念,如政治良心、政治义务、政治公正、政治诚信等。

政治道德准则是指在一定的道德原则指导下,调整人们政治关系和规范人们政治行为的具体的道德要求。

3. 政治道德活动

政治道德活动是指人们根据自己的道德认识和道德规范要求去履行政治义务、选择政治行为和进行政治评价的实践活动。政治道德活动可分为政治道德教育、政治道德修养、政治道德评价、政治行为选择及其践履。

所谓政治道德教育,是指对政治行为主体有组织有计划地对受教育者施加系统影响,使政治道德能够被行为主体认同、接受。政治道德在何种程度上为人们所接受,在很大程度上取决于其影响人心的程度,取决于道德教育实施的好坏。没有道德教育,任何一种伦理道德要想掌握社会生活都是不可能的,政治道德同样如此。

政治道德修养,是指政治行为主体在道德意识、道德行为方面,自觉地按照一定社会或阶级的政治道德要求所进行的自我审度、自我教育、自我锻炼、自我改造和自我完善的活动。如果说政治道德教育着重于外界因素对行为主体所实施的影响，政治道德修养则着力于行为主体内在的反省与锻炼。如果没有行为主体要求提高自身道德人格与品质的自觉性与主动性，再好的政治教育也无法发挥其积极作用。

政治道德选择是指政治行为主体依据一定的价值取向，以自由意志为前提，在不同的甚至是在对立的道德价值之间，经过判断分析而作出的自觉自愿的选择。但是政治道德选择不是凭空产生的，必须要具备一定的前提条件。在这些条件中，最重要的莫过于政治的民主化与法制化。因为，要选择，必须要有可供选择的对象，这种对象必须在性质上是多元的，在种类上是多样的，只有一种可能性的选择不能称之为选择，而是规定与服从。一个法制化、民主化的社会体制可以为行为主体提供广阔的政治道德选择空间。展现在行为主体面前的选择机会越多，选择的自由也就越大。只有这样的政治道德选择，才是行为主体自主自决的行为，才是行为主体的政治道德修养与道德品质的真正体现。

政治道德评价是指人们在政治道德生活中，根据一定的政治道德标准，对社会中的个体或群体的政治道德行为以及其他政治道德现象所作的善恶性质与价值的判定。它主要是将社会对个体或群体政治活动的善恶价值判断反馈给行为者和其他社会成员，通过舆论的谴责或赞许，推广符合本阶级、阶层政治理念的价值体系。

（二）政治道德的功能

“功能”一词源于《管子·乘马》，演化至今，有两个义项，一是指事功与能力，二是指功效与能力。在英语中，“功能”（function）一词也有官能、机能、作用、功能以及职务等多个义项。

所谓政治道德的功能，简言之，就是指它对政治活动的价值引导、理性批判以及规范与调节作用。

作为政治意识重要组成部分的政治道德是国家上层建筑的重要组成部分。早在2000多年前，亚里士多德就曾说过政治道德是生活于一个国家中人们的黏合剂。可见，政治道德在人类的政治文明发展中发挥着重要的作用。

1. 价值引导与理性批判作用

作为政治意识重要组成部分的政治道德,是一种从政治进化的角度而确立政治行为规范。它是基于一定政治理想和维护一定政治秩序的需要而对人们的政治行为提出的道义要求,用以规范、调解人们的政治行为,协调政治生活中的利益冲突、规范政治实践的发展方向。它既是政治文明建设的理论基础,也是政治文明的基本价值目标。因此,要达成政治文明的正义而稳定的政治秩序、民主而高效的政治行政、良好的社会美德等目标,就离不开政治道德的理论建设和实践规范。政治道德是使政治发展按照既定方向与预定速率进行的一个决定性因素,它的"正义"和"善"的价值取向不仅有助于政治行为主体形成良好的政治信仰和政治理念,而且更有助于推动政治目的和政治理想朝着人类所共同追求的"善"的方向发展。

然而,由于政治道德建构是政治主体的政治自觉意识之体现,政治活动又具有强烈的阶级性和功利性,政治行为主体在政治利益或政治权力的诱惑下而有可能陷入人类自身恶的境地而导致价值取向迷失、政治人格扭曲等而影响人类政治文明的发展。政治道德作为政治行为的内在律法则有效地发挥了对现实政治的价值引导和理性批判功能。政治心理学的开拓者拉沃斯认为,政治道德就是要解决政治理性与政治情感之间的不协调,政治理论往往是理性的,而政治情感往往是非理性的,政治道德(或称文明)就是要促进人类理性的胜利。所以,政治道德作为政治主体的价值属性,在积极推进人类向着政治"善"的方面发展的同时,又通过道德舆论,对政治进行评价与引导,规定政治主体从事政治活动时所应遵循的道德规范和行为准则,约束政治行为主体非理性的政治情感和政治冲动,激励动员人们为政治正义而奋斗。

2. 规范、调节政治作用

斯特劳斯在《政治哲学史》中明确指出:"人是最优秀的政治动物,因为他是理性的动物和道德的动物。"①可见,政治道德的研究首先是针对人类政治生活中的特殊道德问题的。政治人是政治道德的载体,政治道德是在政治人的观念和行为中得以体现。因此,只有当政治行为主体具有良好的政治道德素质、政治理性、政治责任感以及正确的政治价值观等,才能形成强

① [美]列奥·斯特劳斯:《政治哲学史》上册,李天然译,河北人民出版社 1993 年版,第 93 页。

有力的政治道德舆论，有效地约束政治主体的政治行为，将社会政治道德规范真正内化为政治主体的信念和自觉地行为准则。除此之外，政治主体将无从提出政治生活的价值诉求，也难以保证行为主体政治参与过程的正当性和有序性。因为，政治道德催生出政治主体的政治合法性能力，促使其提出相应的政治平等、政治自由等权利的同时，又规定着政治主体在主张政治权利、实现政治行为时应当具有相应的义务、职责和使命，为政治权利和政治权力的和谐存在与发展规范理性和道德的屏障。

亚里士多德在《政治学》中最早提出了政体的合法性问题："一个政体如果要到达长治久安的目的，必须使全邦各部分（各阶级）的人民都能参加而怀抱着让它存在和延续的意愿。"[①]政治关系的正常化、政治系统的稳定、有序运作当然离不开法律制度，特别是其中的政治类法律。然而仅靠此来规范与调节政治行为和调整政治关系还不够，还必须依靠政治道德规范。虽然政治道德的调节力度不如靠国家机器的强制力发挥作用的法律，但它却能起到法律所无法完全取代的作用，尤其是在法律无法调节或有所疏漏的地方，则更需要政治道德实施维系政治系统稳定、有序运作和政治关系的正常化，避免法律调节带来的某些副作用。在阶级社会中，统治阶级常常将既定的政治规范和准则等通过道德教化灌输给社会成员特别是被统治阶级，使占统治地位的政治道德内化为社会成员的自我选择，软化被统治阶级的意志，使人们不但在政治上、法律上服从他们的统治，而且也在道义上支持他们，从而达到巩固政治局势、稳定社会秩序，维护本阶级的政治经济利益。由此可见，反映一定政治价值观和道德价值取向的政治道德是政治主体的政治行为表现得更有道德价值，更符合社会道义，从而促进政治行为主体早日实现政治"善"的价值目标和理想的政治目标。此外，政治道德在推进人类政治生活朝"善"的方面发展的同时，也约束和制约着人类自身的"恶"，从而保证政治参与过程的正当性和有序性，维系了政治系统的稳定、有序的运作。

（三）政治道德的社会作用

政治道德的社会作用就是指在政治生活领域中，通过道德评价、道德榜

---

① ［古希腊］亚里士多德：《政治学》，吴寿彭译，商务印书馆1996年版，第188页。

样、道德理想等方式来确立善行大道,明确应尽的责任和义务,以推进政治的进步。

1. 影响国家的经济进程

马克思主义从不认为精神的东西是社会历史发展的决定力量,是社会经济变革的决定力量。但是,马克思主义又充分肯定作为精神力量的道德对社会经济发展所起的重大能动作用。政治道德也是如此。当代表新的生产关系的阶级向代表旧的生产关系发起反抗与冲击时,他们都无例外地运用政治道德的武器,把自己说成是正义的、是善的。一旦取得政权,就在采取强制手段的同时,毫无例外地用一系列的政治道德规范,把人们约束在他们规定的行动范围或社会秩序之内,借以巩固其统治,维护其新的生产关系和经济制度。实践证明,进步的政治道德对国家的经济发展有重大的推动作用,反动、腐朽、落后的政治道德则严重阻碍国家经济的发展进程。

在社会主义条件下,政治道德能够激发人们的政治热情,成为鼓舞人们为建设中国特色社会主义而奋斗的巨大力量。人们一旦认识到为社会主义和共产主义而奋斗的正义性、合理性,就会产生强烈的使命感和责任感。把对政治理想的追求和信念转化为自觉献身于社会主义和共产主义的政治热情,从而推动社会主义社会经济基础的发展。

2. 调节人们的政治关系

产生于阶级社会的政治特点是具有强制性,依靠强制性的手段来行使其职责,履行其义务。政治与道德的结合形成的政治道德兼顾了两者所"长",既有强制性的行为规范,也有社会公认的、普遍的道德规范。因此,掌握权力的阶级在运用政治法律等强制手段去维护其统治之外,还要通过一系列政治道德要求去规范人们的行为,通过社会舆论去影响或"教化",从而使人们不但在政治上、法律上服从领导,而且在道义上支持他们以达到稳定社会秩序、巩固政治局势,保证实现政治意图的目的,封建社会的"忠孝节义"就起到了调节人们的政治关系,维护封建专治,以达到封建统治"长治久安"的作用。

在社会主义现代化建设的今天,政治道德在促进现代社会民主、法制建设、促进社会和谐方面同样具有重要的作用。

政治道德在民主政治建设中具有基础性的作用。因为民主政治是一种文明政治,不能继续采取专制时代的统治方式,而必须采取文明的政治方式。孟德斯鸠曾经指出,民主政治与专制政治不同之处在于,民主政治需要道德的支撑。他说:“维持或支撑君主政体或是专制政体并不需要很多的道义。前者有法律的力量,后者有经常举着君主的手臂,可以去管理或支持一切。但是在一个平民政治的国家,便需要另一种动力,那就是品德。”[①]民主政治不能建立在严刑峻法和暴力之上,而只能建立在理性和文明之上。因此,没有政治道德,根本就不会有什么民主政治。

政治道德在法制建设中也具有重要的作用。在中国,儒家一直主张法律必须以道德为前提。孔子说:“礼乐不兴,则刑罚不中,则民无所措手足。”[②]荀子也认为,君主不能任意运用权力,“不得道以持之,则大危也,大累也,有之不如无之。”[③]这就是说,“礼”、“乐”、“道”等道德规范对君主运用权力,对法律制定有着重要的指导和制约作用。基于这种认识,儒家主张“德主刑辅”。在西方,也存在着道德目的论。这种理论认为,法律是达到道德目的的手段,因而,法律必须服从道德,法律总是以义务性道德作为底线的,不以政治道德为前提的法律,即使制定了也不能维持长久,只有符合基本政治道德的法律才是有生命力的。

3. 影响社会的政治风气

由于政治道德直接受制于社会的政治制度,因此一定社会的政治关系对其产生直接影响。由于政治带有强制性,使得政治道德具有较一般的道德规范更强的约束力,对人们的道德行为、社会风气有更深远的影响。因此,通过政治道德的要求,培养和提高人们的政治道德意识和品质,增强他们对国家、社会的责任感和义务感,有利于形成良好的社会风气。

党风问题实质上也就是政治道德问题。中国共产党作为执政党,其政治实践对执政能力、执政地位以及社会主义现代化事业的成败具有决定性的影响。加强党风廉政建设,对广大党员来说,也就是要加强思想政治道德和党性教育。

4. 对政治进行评价

政治道德虽然由经济基础所决定,但它本身并不是消极被动的,它反作用于经济基础,并直接影响人们的阶级关系和政治关系。政风的清浊、吏治

---

① 转引自虞崇胜:《理论前沿》,2002 年第 9 期。
② 《论语 · 子路》。
③ 《荀子 · 霸王篇》。

的整饬都会反映在道德评价上。政治道德的反作用或认识作用,也由此得以显示。这种作用往往也会影响到政治局势的变化,所以,无论哪个阶级都很重视政治道德的舆论作用。

政治道德的社会作用表明,政治道德是社会发展不可或缺的精神力量。在我国现阶段,加强政治道德建设,对于开创社会主义精神文明建设的新局面,对于我国社会转型期的稳定与发展具有重要作用。

第三节　政治道德的基本范畴

范畴是反映事物的某些本质方面、阶段、侧面的一些基本概念。马克思说:“人们按照自己的物质生产的发展建立相应的社会关系,正是这些人又按照自己的社会关系创造了相应的原理、观念和范畴。”①人们在其政治关系和政治活动中形成了相应的政治道德的原则和规范,也形成了作为它们的补充的一系列政治道德范畴。理解与把握这些范畴,对于全面认识正式道德的规范体系,是有重要意义的。

一、政治道德范畴与道德范畴

一般道德范畴是很多的,诸如:善与恶,义务与权利,良心与恶意,幸福与不幸,勇敢与怯懦,荣誉与耻辱,他律与自律,动机与效果,必然与自由,贡献与索取等等。它们当然适用于人们的政治生活、物质生活和精神生活各个领域。所以,在政治道德、家庭道德、职业道德、社会公德中,都存在上述道德范畴问题。否则,一般道德规范就没有普遍实用性的一般意义了。但是,政治道德规范作为特殊的道德范畴,具有自身的特点与价值。因此,政治道德范畴与一般道德范畴既有区别,又有联系。

(一)政治道德范畴与一般道德范畴的区别

1. 它有特定的范围

政治道德范畴并不像一般道德范畴那样宽泛,它主要是人们在政治生

---

① 《马克思恩格斯选集》,第1卷,人民出版社1995年版,第108页。

活中，反映与调整人们政治关系的一些道德范畴。作为一种政治现象，政治道德必然要与其他政治现象发生密切联系，必然要与政治权力、政党、国家、政府、官员及其他政治行为者发生这样或那样的联系。而这些国家的道德、政府的道德、政党的道德、阶级、阶层的道德问题显然不能通过一般的道德理论来说明，无不带有鲜明的政治性质。比如，我国封建社会提倡的“礼”、“乐”、“道”、“忠”等道德范畴，就是与儒家的政治思想相一致的。道德政治化，即道德具有强烈的政治性，是政治道德范畴的一个显著特点。

2. 它有特定的内容

政治道德范畴是规范人们在政治生活中的思想和行为的。比如，如何对待国家、对待阶级、阶层以及如何对待社会权力，对待群众，对待社会秩序等等。这就是正义与非正义、公正与偏私、忠与不忠、自由、平等、博爱等范畴。在政治范畴中也包括良心、义务、荣誉等概念，但它着重是指政治良心、政治义务和政治荣誉。特定的政治内涵，是政治道德范畴另一个特点。

3. 它有特定的作用

对于剥削阶级来说，各种政治道德及其范畴的作用是：“一则是作为对自己统治的粉饰或意识，一则是作为这种统治的道德手段。”①这些范畴往往和统治阶级的法律有着比较直接的内在联系。由于统治阶级要保护既得的利益，要发展有利于自己发财致富的条件，因而，统治阶级一方面运用政治道德理论来论证其阶级利益就是公共利益，并为之进行辩护；另一方面，将政治道德与国家机器结合起来，共同维护自己的统治。

4. 它有特定的形式

政治道德范畴当然有规范、约束与导向人民群众思想和行为的意义。但是，它主要表现在政治活动中以政治为职业的人们的道德要求上。这在旧社会表现为“官德”，在新社会则是党和国家干部的职业道德。如何用权谋事，是政治道德及其范畴特定的表现形式。

（二）政治道德范畴与一般道德范畴的联系

政治道德范畴与一般道德范畴又是相互联系、互相渗透的。这主要表现在三个方面：

---

① 《马克思恩格斯全集》，第3卷，人民出版社1965年版，第492页。

1. 政治道德范畴和一般道德范畴，都为一定的经济基础所决定，都受生产方式的制约

马克思说："物质生活的生产方式制约着整个社会生活、政治生活和精神生活的过程。"[1]表现于整个社会生活过程中的一般道德范畴和表现于政治生活过程中的政治道德范畴范畴，有着共同的经济根源，同属上层建筑的领域，又都为一定的经济基础服务。

2. 政治道德范畴与一般道德范畴之间并没有截然的界限

以封建社会的忠与孝这两个概念来说，前者是政治道德范畴，后者是家庭道德范畴。然而，所谓"孝子出忠臣"，"修身、齐家、治国、平天下"，说明忠与孝是互相贯通的。再深一层分析，人们看到：封建皇帝不仅以天子自居，而且自称"家天下"，把治国看成"牧民"，视老百姓为可以任意驱使的奴隶，要求臣民像尊重父母一样地对待他。而作为家庭之中的父亲，又何尝不是以家中的"皇帝"自居，对子女有绝对的权威？这说明忠孝之间是相互渗透的，只是二者的侧重点不同而已。同时，各种经济道德、政治道德、社会公德、家庭道德、职业道德以及它们的范畴，互相结合，互相影响，构成一个道德体系，制约着人们的行为，调整着各种社会关系，特别是各种伦理关系。一般的道德规范对各具体道德规范有制约与指导作用，各具体的道德规范对一般的道德规范又有丰富与补充的作用。

二、政治道德的基本范畴

人们的政治关系和政治活动有着丰富的内容，因而表现这些关系和活动的道德范畴，也是生动的、多样的。

（一）公正

自古以来，公正一直是政治学、伦理学争论的一个重要论题。古希腊的柏拉图、亚里士多德就对正义进行过比较充分的探讨。柏拉图认为，正义就是个人和国家的"善德"。亚里士多德说："政治学上的善就是正义，正义以公共利益为依归。按照一般的认识，正义是某种事物的'平等'（均等）观

① 《马克思恩格斯选集》，第3卷，人民出版社1995年版，第82页。

念。”[①]古罗马法学家乌尔庇安对正义的表述为：“正义乃是每个人获得其应得的东西的永恒不变的意志。”[②]近代早期的契约论者更是把公正与契约联系在一起，认为所谓的公正，就是履行契约，尊重契约双方的权利并承担各自的义务。当代正义论的著名代表人物罗尔斯认为“正义的主题就是社会基本结构，或者说得更准确些，就是主要的社会体制分配基本权利与义务和确定社会合作所产生的利益分配方式。”[③]诺齐克认为公正在于权利，是否拥有权利是衡量正义的根本道德标准。社群主义代表麦金太尔认为实现社会公正的唯一出路在于向传统的伦理美德寻求答案，以弥补现代道德理论的缺陷与不足。

以上这些对于正义的不同理解，是人们站在不同的立场、从不同的角度出发对正义问题进行阐述的结果。但它们都在一定程度上体现人们对公正优良的社会生活与幸福的追求，体现了公正总是与人们的利益、权利等紧密相关的政治问题。当然，在阶级社会中，尽管公平正义在阶级社会中只是为少数剥削阶级统治服务的，是少数人享有的特权，但这并不排斥其科学性与客观性。如果能对其进行客观理性地评价与借鉴，对我们当今追求社会主义正义、建设法治国家有着非常宝贵的借鉴作用。

与西方国家政治公平不同的是，我国社会主义的公正是以维护、实现最广大人民群众的根本利益为宗旨，主要包括公正、公平、公开的政治参与、公正监督政府官员的腐败行为等，体现出社会主义公正具有资本主义不可比拟的真实性和广泛性。党的十六大报告首次正式以党的决议的形式明确指出，社会主义司法制度必须保障在全社会实现公平正义，体现了政治公平是社会主义法治追求的最高的价值目标。

（二）诚信

诚信作为人类文明的诉求，古已有之，政治生活更需要诚信。所谓政治诚信，是指存在于政治生活领域中的诚信关系和诚信现象，主要包括政治理

---

① ［古希腊］亚里士多德：《政治学》，吴寿彭译，商务印书馆1981年版，第148页。

② ［美］博登海默：《法理学——法哲学及其方法》，邓正来、姬敬武译，华夏出版社1987年版，第253页。

③ ［美］罗尔斯：《正义论》，何怀宏、何包钢、廖申白译，中国社会科学出版社1988年版，第50页。

念诚信、政治制度诚信及政治活动主体诚信三个方面。

早在古代,儒家就非常重视统治者在诚信方面的表率作用,并将诚信视为“治国平天下”必须遵守的道德规范。孔子提出“上好信,则民莫敢不用情”、“其身正,不令而行;其身不正,虽令不从。”[①]宋朝司马光同样提出:“夫信者,人君之大宝也。国保于民,民保于信;非信无以使民,非民无以守国。”[②]西方思想家也非常重视诚信在政治生活中的作用。卢梭、霍布斯、洛克等人认为,国家的实质就是一大群人相互订立契约的产物。其中,霍布斯就把守约视为正义之源,认为无契约也就无所谓正义,如果有约而又背约则为不义。洛克认为,如果统治者违反契约的委托初衷而背信弃义,侵害人民的权利,那么人民就有权废除契约而订立新的契约,组建新政府。美国潘恩更是把按照契约成立的政府,视为人们对政府的一种信托,人民有权授之也就有权随时将之收回。

这些无不表明政治诚信是政治道德的一个重要范畴,在政治生活领域中起着非常重要的作用。

在当今社会,随着市场经济蓬勃发展和交换关系的日趋复杂、民主政治进程的推进和公民政治地位、政治文化素质的不断提高,人们对政治诚信的需求也日趋强烈。政治诚信在整个社会诚信体系中更具有核心价值。发展社会主义民主政治必然离不开政治诚信的保证。可见,政治诚信是民主政治与政治文明的题中应有之义。

(三)廉政

作为一种道德观念和准则,“廉”最早见于《周礼》。它对官吏的廉洁治政有着明确的规定:“以听官府之六计,弊群吏之治。一曰廉善;二曰廉能;三曰廉敬;四曰廉正;五曰廉治;六曰廉辩。”不难看出,这“六计”未离开一个“廉”字,表明了我国廉治传统早已有之。《管子》说:“礼义廉耻,国之四维,四维不张,国乃灭亡。”北宋名臣包拯也说“廉者,政之本也,民之表也;贪者,政之祸也,民之贼也。”[③]由此可见,早在古代“廉”就被当做为官之本和考察之首要的道德准则。

---

① 《论语·子路》。
② 《资治通鉴》。
③ 《乞不用赃吏》。

西方不少政治家、思想家也非常重视统治者的廉政建设,极力反对政府的腐败。亚里士多德认为城邦至善是最高的善,他提出法律面前人人平等的思想,要求不仅仅是公民,而且也包括统治者,都要服从法律。他认为:“法律应该在任何方面受到尊重而保持无上的权威,执政人员和公民团体只应在法律(通则)所不及的‘个别’事例上有所选择,两者都不该侵犯法律。”①近代的洛克非常痛斥暴政,他说:“统治者无论有怎样正当的资格,如果不以法律而以他的意志为准则,如果他的命令和行动不以保护他的人民的财产而以满足他自己的野心、私愤、贪欲和任何其他不正当的情欲为目的,那就是暴政。”②潘恩同样嫉恨政府腐败,他说:“一旦将特殊的权力和特殊的报酬给了政府中的任何一个人,他就会变成各种腐败现象在其周围发生和形成的中心。”③这些思想和主张虽然具有一定的阶级局限性与虚伪性,但不可否认,它们在一定程度上促进了西方民主法治进程,对于我们当今的反腐倡廉也有莫大的启迪。

从政治学的角度看,廉政亦即清正廉洁的政治,是与腐败的政治相对立的。加强廉政建设就必须同政治腐败作斗争。政治腐败通常是公共权力的腐败,是一种公共权力异化而导致公共生活发生病变的政治现象。它不仅表现为公职人员个体性腐败行为,而且也表现为群体、集体甚至整个政府的腐败。鉴于当代中国政治腐败的滋长蔓延而严重阻碍社会主义民主政治进程的现实,党的十六大报告明确指出:“坚决反对和防止腐败,是全党一项重大的政治任务。不坚决惩治腐败,党同人民群众的血肉联系就会受到严重损害,党的执政地位就有丧失的危险,党就有可能走向自我毁灭。”因而,为了坚决同政治腐败作斗争,政府及公职人员必须长修为官之德,常怀律己之心,不断加强自身廉政建设,秉公用权。

(四)公民政治权利

公民政治权利一直是政治学与法学共同关注的焦点。公民政治权利是指公民依法享有参与国家政治生活,管理国家以及在政治上表达个人见解和意见的权利。这不仅体现了政治权利是公民依法享有宪法和法律保障的参加国

① [古希腊]亚里士多德:《政治学》,吴寿彭译,商务印书馆1983年版,第192页。
② [英]洛克:《政府论》,下篇,叶启芳译,商务印书馆1986年版,第121–122页。
③ [美]潘恩:《潘恩选集》,马清槐译,商务印书馆1981年版,第269页。

家政治生活，管理和影响国家和社会事物的权利，而且充分体现了公民在政治生活中不再受异己权力的束缚和奴役而达到自我实现的权利。公民的政治权利主要包括公民的政治自由、公正（或公平）、民主、政治参与等权利。

千百年来，作为政治哲学范畴之一的政治自由始终是人类追求的理想目标。斯宾诺莎就曾说过："政治的真正目的是自由。"①但是作为被人们在政治生活中所不懈追求的价值目标，自由是作为一种那个社会权利所诉求的，是相对的、有条件的，总是与责任紧密联系。法国启蒙思想家孟德斯鸠认为："自由是做法律许可一切事情的权利；如果一个公民能够做法律所禁止的事情，他就不再有自由了，因为其他人也同样会有这个权利。"②马克思认为自由是一种受约束的权力。"自由就是从事一切对别人没有害处的活动的权力。每个人所能进行的对别人没有害处的活动的界限是由法律所决定的，正像地界是由界标确定的一样。"③可见，政治道德所蕴涵的自由应当是理性的自由。一方面意味着人们摆脱了政治上异己权力的压迫、奴役和专制统治，可以按照自己的意志享有宪法和法律保障、认可的政治权利，行使国家权力以及管理国家和社会事务；另一方面也意味着人们在享有政治自由的同时，还应承当相应的责任，对法律的尊严、公共利益、公共道德以及他人的权利等负责任。

民主，作为一种政治制度和社会生活的组织方式，是公民政治权利的根本体现，是相对于专制、独裁统治而言的，是一种由人民自己组织起来管理社会。伯里克利认为民主的基本特征是"政权掌握在全体公民手中，而不在少数人手中。"④科恩认为："民主是一种社会管理体制，在该体制中，社会成员能直接或间接地参与或可以影响全体成员的决策。"⑤卢梭提出："凡是不曾为人民所亲自批准的法律，都是无效的，那根本不是法律。"⑥这种主权在民的思想对后来西方民主政治的发展产生了重大影响。尽管西方资产阶级提出"天赋人权"、"主权在民"、自由、平等、博爱等政治主张，并以宪法与法

---

① 应克复等：《西方民主史》，中国社会科学出版社 1997 年版，第 151 页。

② ［法］孟德斯鸠：《论法的精神》（上册），张雁深译，商务印书馆 1963 年版，第 154 页。

③ 《马克思恩格斯全集》，第 1 卷，人民出版社 1965 年版，第 43 页。

④ ［古希腊］修昔底德：《伯罗奔尼撒战争史》，谢德风译，商务印书馆 1960 年版，第 130 – 131 页。

⑤ ［美］科恩：《论民主》，聂崇信、朱秀贤译，商务印书馆 1994 年版，第 11 页。

⑥ ［法］卢梭：《社会契约论》，何北武译，商务印书馆 1980 年版，第 125 页。

律的方式将它们固定下来，但它们只是少数资产阶级所享有的特权。社会主义制度下，社会主义民主的本质是人民当家做主，真正实现了政治平等和政治自由的统一，彰显了社会主义条件下政治公正本色。

政治道德的范畴还很多，比如，权利与义务、目的与手段、革新与保守、进步与反动、良心与恶意等等，开展对这些范畴的研究，是很有重要意义的。

三、社会进步与政治道德范畴的更新

马克思说："范畴也和它们所表现的关系一样不是永恒的。它们是历史的和暂时的产物。"①随着社会的进步，人们的政治道德范畴也在不断的发展和更新。

（一）社会主义政治道德的新范畴

社会存在决定社会意识。不是人们的政治道德范畴的变化决定社会的发展，而是社会发展决定了政治道德范畴的发展变化。随着社会的进步，人们的政治道德范畴必须随之发生变化。社会主义社会是人类历史上全新的一种社会制度，从经济基础、社会制度到人们的生活方式、交往方式以及社会精神风貌都发生了广泛而深刻的变化。作为社会意识的政治道德范畴，也必然发生了广泛而深刻的变化。主要内容有：

1. 领导就是服务的新观念

一般来说，"领导"有管理、指导、指挥、控制、监督等意思，就我们党对国家和社会的领导而言，应该包含着这样的内容，这是不必讳言的；但是，作为社会主义民主政治中的一个重要理念，特别是在谈到党与人民之间的关系问题时，仅仅局限在这个层次上，就是不完全的了。对这个问题，邓小平在党的八大上关于修改党章的报告中有过一个深刻阐述，他指出："同资产阶级政党相反，工人阶级的政党不是把人民群众当做自己的工具，而是自觉地认定自己是人民群众在特定历史时期为完成特定的历史人物的一种工具。共产党——这是工人阶级和劳动人民中先进分子的集合体，它对于人民群众的伟大的领导作用，是不容怀疑的。但是，它之所以成为先进部队，它之所以能够领导人民群众，正因为，而且仅仅因为，它是人民群众的全心全意

① 《马克思恩格斯选集》，人民出版社1995年，第4卷，第327页。

的服务者，它反映人民群众的利益和意志，并且努力帮助人民群众组织起来，为自己的利益和意志而斗争；确认这个关于党的观念，就是确认党没有超乎人民群众之上的权力，就是确认党没有向人民群众实行恩赐、包办、强迫命令的权力，就是确认党没有在人民群众头上称王称霸的权力。”①“领导就是服务”，既是一个政治原则，又是一个道德原则，要求每个领导干部都要执政为民，增强“公仆”意识，自觉接受群众监督。

2. 勇于开拓进取、与时俱进的观念

社会主义改革是一次深刻的革命，是一项前无古人的伟大历史工程，必然要触动和改变人们原来的生产方式、生活方式、思维方式，冲击旧的传统观念和改变不合理的规章制度，建立新型的人与人之间的关系。这就必然要求我们要有改革创新、积极进取、与时俱进的道德观念与精神勇气。邓小平说：“干革命、搞建设，都要有一批勇于思考、用于探索、勇于创新的闯将，没有这样一大批闯将，我们将无法摆脱贫穷落后的状况，就无法赶上更谈不上超过国际先进水平。”②进入新世纪以来，中国特色社会主义事业发展正站在一个新的历史起点上，全面建设小康社会、实现中华民族的伟大复兴更需要我们进一步解放思想，改革创新，与时俱进。党的十六大报告指出：“与时俱进，就是党的全部理论和工作要体现时代性，把握规律性，富于创造性。”与时俱进已成为社会主义新的政治道德范畴。

3. 社会主义荣辱观

趋荣避辱是人类的共性。荣誉和耻辱作为政治道德的一对基本范畴，是指社会对政治主体的政治行为的褒贬评价和政治道德主体对这种评价的自我感受。政治道德主体受到社会肯定或否定的自我感受，既促使政治主体对自身政治行为的好坏作出判断，也不断校正着政治道德主体的政治行为，引导政治道德主体弃恶从善，趋荣避辱。2006 年 3 月，胡锦涛主席针对我国社会目前存在的道德失范现象和不良风气，强调要引导广大干部特别是青少年树立社会主义荣辱观，提出了“八荣八耻”社会主义荣辱观。社会主义荣辱观紧紧抓住荣誉与耻辱这一对政治道德范畴，旗帜鲜明地指出什么是荣誉的，什么是耻辱的，完整地构建了社会主义政治道德体系。既是工

① 《邓小平文选》，第 1 卷，人民出版社 1994 年，第 218 页。
② 《邓小平文选》，第 1 卷，人民出版社 1994 年，第 133 页。

人阶级道德意识在政治生活中的推广和运用，反映了社会主义的政治经济基础和政治价值，体现了社会主义政治道德的阶级性与先进性，是社会主义政治道德的本质要求，同时也是中华民族传统美德与时代精神的统一，是新的历史条件下社会主义政治道德建设的重要指针。

（二）社会主义政治道德范畴更新的特点

1. 社会主义政治道德范畴，贯穿着共产主义道德和社会主义道德的内容，以维护四项基本原则为突出特点

四项基本原则是我国立国之本，是党和国家团结、稳定、发展、进步的重要政治基础，必然要求在政治道德范畴中得到体现与反映。当今世界正处于大变革大调整之中。和平与发展仍然是时代主题，求和平、谋发展、促合作已经成为不可阻挡的时代潮流。世界多极化不可逆转，经济全球化深入发展。但是，世界仍然很不安宁，影响和平与发展的不稳定、不确定因素增多，敌对势力对我国实施西化、分化的战略图谋没有改变，这些都给我国经济社会发展与安全带来新的挑战。保持正确的政治方向，坚定社会主义、共产主义的信念，是社会主义政治道德观念更新的一个突出特点和主要内容。

2. 批判地继承人类历史上一切优良的政治道德观念与传统

社会主义政治道德范畴形成离不开对人类历史上优良的政治道德观念与传统进行传承与升华。其中最为突出的是资产阶级的民主、自由、平等的观念。党的十二届六中全会的决议指出："在人类历史上，在新兴资产阶级和劳动人民反对封建专制制度的斗争中，形成民主、自由、平等、博爱的观念，是人类精神的一次大解放。马克思主义批判地继承资产阶级的这些观念，又同它们有原则的区别。"

3. 适应建设中国特色社会主义的新经济、新政治、新形势的需要

社会主义政治道德新范畴是马克思主义与中国社会主义建设实践相结合的产物，它必然进一步丰富无产阶级政治道德范畴，使之更富有生机和活力，必然有助于我国的经济体制、政治体制改革，有助于社会主义精神文明建设。这些新观念、新范畴，都必须放在改革开放、建设中国特色社会主义伟大实践中进行检验，并不断地加以修正与发展，这样才能保证其进步性、科学性、有效性。强调观念更新的科学性、有效性与进步性，是社会主义政治道德范畴更新的重要内容与特点。

第二章 政治制度伦理

人们对政治历来有不同的理解。从哲学价值论的角度看,政治是以实现、扩展和维护一定人群的利益为指向,通过一定的机构,运用以军队、警察、监狱等强制力量为凭借的权力进行社会管理的思想、制度和活动。不言而喻,政治自身是一个结构复杂的系统,包括政治理念、政治制度、政治行为、政治文化与心理等几个方面。其中,政治制度在这个结构系统中,应该居于轴心地位、发挥着"上传下达"的纽带效能。对某种政治伦理的追问必然离不开对该种政治的制度进行伦理的剖析。

第一节 政治制度伦理的含义

一、政治制度伦理的概念

政治制度伦理是一种制度伦理。由于制度是规范社会生活的理性秩序,它在现代社会中的地位与作用越来越重要,人们对应建立怎样的制度以及制度应怎样发挥效用给予了更多的关注,这也使得制度伦理成为当下应用伦理学的一个重要领域。

政治制度伦理是整个政治伦理的轴心和关键,是政治伦理的可靠支撑。所谓政治制度伦理就是指对政治组织的规范体系以及其运行机制的内在联系的伦理思考和要求。具体而言,我们可以从两个方面综合加以研究:第一,政治制度的道德——对政治制度的正当、合理与否的伦理评价。第二,政治制度本身蕴涵着一定的伦理追求、道德原则和价值判断。前者是对政治制度的道德评价,后者是政治道德规范本身的制度化建设与操作问题。

二、政治制度伦理是政治制度的内在要求

政治制度自身具有伦理价值是任何一种政治制度之本然,因为任何政治制度本质就是通过确定规则的方式,对现实生活中已经确立的利益关系加以形式化、稳固化,从而体现出政治制度的利益与价值取舍、倾向或偏向,表明尊重谁的意志、维护谁的权力、巩固谁的利益等诸多的特征。这样,政治制度从形式上来看,则是一套处于动态运作之中的完整的规则体系,而这套规则体系的本质即是处理利益关系的原则、方法等,从而规定出各种不同的利益边界、利益的实现手段以及利益调配的权威性、可实现性等等。

然而,长期以来,人们却一直认为,对政治制度进行伦理追究是脆弱的,同时也是无用的。不可否认,伦理、道德、操守等在强权对生活世界的操纵面前、在利益的博弈、分割与争斗中显得十分苍白无力。但同时,利益的分割、斗争本身就蕴含着政治、政治制度的伦理属性。正如莱斯利·里普森所说:"政治的核心包含着选择……在政治中,我们总是永不停歇地争论是与非,辩论互相替代的政策的优与劣,争辩那些终极目标的明智性,并且衡量可能方法的有效性。一句话,我们置身于对价值的探索之中。"①

至于人们认为对政治、政治制度进行伦理追究是无用的,原因是多方面的。最根本的原因在于人们认为在政治活动中所体现出"人性"是变动不居、诡谲多变的,令人非常失望。其次,是因为人们对制度是否具有伦理性的漠视或对伦理与政治制度之间的内在关系的误读。比如,政治道德虚无主义认为政治制度是与价值无涉的纯粹技术性系统。第三,是对特权集团操纵一切的权威主义势力的无限放大。他们认为,特权集团、阶层寄生的条件依然存在、特权政治的各种变种形式依然活跃,在这种情形下,对政治制度过分的伦理诉求,无疑是浪漫主义的一种情怀。但是,人们总是在普遍不相信政治、政治制度具有道德、伦理等内在伦理倾向的同时,又总是期望生活于其中的政治、政治制度具有至少最基本的伦理尺度,甚至具有更好的伦理品质。这就说明,对政治制度进行伦理判断,是一个"真"问题,而不是一个"假"问题。

---

① [美]莱斯利·里普森:《政治学的重大问题:政治学导论》,刘晓等译,华夏出版社 2001 年版,第 17 页。

如果我们从更为宏大的人类生存的尺度来看政治制度的伦理诉求，政治制度的伦理是对人类一系列生存活动中的工具系统进行的伦理价值判断，它构成人类价值追求系列结构中的一个内在的环节，而不是终极价值目标。因为政治是人的政治，是为人服务的政治，是以客体的方式呈现主体内在力量与权利诉求，从而折射出人类文明发展状况的载体，由此，对政治制度最基本的要求就必须与变动着的、历史的人性内在的基本需要相符合。唯有如此，这样的制度才具有历史的创新力和维护人类生活正常运转的功能与价值。

第二节　政治制度伦理的结构和功能

一、政治制度伦理的结构

依据政治制度体系自身的结构，我们可以将政治制度伦理分解为根本制度伦理与派生制度伦理两个基本层面或环节。这两个环节是一种政治伦理的具体展开。从其伦理走向来看，具有从整体向局部、从抽象向具体、从原则性向显现、从结构到功能不断地直接化的倾向，并且彼此之间具有内在的切合性与关联性，显示出政治制度伦理自身内在的逻辑，使政治制度的价值与品质呈现出多环节构成的“伦理链条”，由此，政治制度彰显出完整的伦理取向，从而表征着该政治制度的应有的伦理阈。

所谓政治根本制度伦理，是指以政治的根本制度为依托而存在的伦理，简言之，即是“国体”所蕴涵的伦理性。我们知道，国体就是国家性质，是国家根本制度，它决定着某种政治制度的根本性的利益走向与利益边界、政治权利的真正目的与服务目标，从而表明某种政治制度的整体面貌和整体精神气质。因此，政治根本制度伦理决定了某种政治制度伦理伦理体系的性质。

国体不仅是政治理念的具体化，而且是其他相关政治制度设计、安排的基础与根据。国体自身所蕴涵的价值目的、价值原则与价值指向，充分再现了某种政治制度是依照了谁的意愿与意志、代表了谁的利益、体现了谁的追求、蕴涵着何种政治价值取向。一句话，国体从根本上体现出该种政治所具有的最高的、根本性的伦理倾向与伦理原则，从而使某种政治制度从根本上区别于其他类别政治制度。

不仅如此，"国体"所蕴涵的价值旨归，同时也是某种政治制度伦理性状况的制度发源点与基本的价值保证。

总之，政治根本制度伦理是某种政治制度伦理之根本性的架构，是一种政治制度伦理首要的层面，体现了一种政治制度伦理的性质。

但是，国体确定以后，还需要相应的根本制度设计、制度安排、制度选择与制度改革诸多环节来充分保障其根本伦理价值的实现，这便需要政治派生制度伦理。

所谓政治派生制度伦理，即是指在"国体"所蕴涵的价值体系、秩序框架的规范引导下，所设计、所采取的保证国体原则、实现国体利益的一系列技术性的体制，包括政体以及在政体之下的大量规则系统或规则的运作系统以及公共行政政策等等。这种派生制度伦理既直接体现国体与政体之间是否具有切合性、紧密联系性，又是某种政治根本制度伦理能够现实化的保证，也是体现某种国体是否符合该社会发展阶段与历史状况的重要尺度。

综上所述，政治制度伦理包括政治根本制度伦理和政治派生制度伦理这两个不可分离的维度。政治根本制度伦理强调的是根本的伦理界限、伦理指向，是政治伦理方向性的规范，是一种政治制度是否具有善性伦理程度的根本标尺；而政治派生制度则是在根本制度伦理之下的一种具体化的显示及现实载体。它不仅是政治根本制度伦理实现程度的重要保障，同时也反映着政治根本制度伦理的合法性与恰当性。二者在政治制度伦理结构中呈现出一级伦理价值与二级伦理价值的链条性关系。评价一种政治制度伦理，我们必须要将二者结合起来综合考察。

对政治派生制度伦理的考察事实上就是对其治理效率、效能的考察，这是可以技术化的环节。一个没有治理效率的政治制度，或一个效率低下的政治制度，是无德的政治或政治制度，或其德行亟待提升。但是，一个有效率的制度，也不就等于有德行，我们必须在该种政治根本制度伦理所规定的框架内来对其治理效率加以审视，才能作出恰当的评价。因为效率只是德性政治、德性制度的必要条件，而该种效率、效能之价值目标、价值指向是由该种政治根本制度伦理价值所规定的。

二、政治制度伦理的功能

(一)政治制度伦理的规范功能

规范是指依据一定的标准和准则对一定的主体进行的约束和制约。道德作为一定社会客观需要的反映,常常表现出对特定对象的规范和约束。规范功能是道德的主要功能,政治制度伦理就包含着对特定主体和对象政治制度伦理关系的调节,并以“道德”的形式表现出来。

制度总是附着于特定的主体和特定的领域之中,制度的确立、执行、管理常常是有相应制度的主体来运行的。政治制度伦理的主体是特定的组织。制度伦理对制度主体的规范主要体现在权利与义务的要求上。政治的核心是权力,作为政治制度的主体都拥有一定的权力,虽然在社会主义制度下,一切权力是属于人民,但是权力的所有者与权力的使用者分离,又常常容易使权力错位和膨胀。因此,必须在政治制度上确立权力主体的权限范围,规定其享有的权利及应尽的义务,使其权利和义务的规定符合客观伦理关系和道德要求。在确立了相应的权利和义务后,就不允许超越规定权利范围的权力。而为了使政治制度主体真正履行义务和运用权利,还必须使其权利范围和义务履行公开化、文明化,这也是政治制度伦理的内在要求。只有将权利范围和义务履行公开化、透明化,才能有效地实施民主监督,才能克服权力的滥用和促使义务的履行。

政治制度伦理的主体虽然是特定的组织,而制度的制定、管理、执行又主要是由人来执行的,对其加以规范和制约,对于社会组织和团体能按制度办事,认真履行义务是十分必要的。因此,对特定组织的代表的规范也是政治制度伦理的功能之一。政治制度伦理对特定组织的代表的规范与德性伦理对个体的规范最大的区别在于,政治制度伦理主要是制度的规范,具有明确化、法治化、政策化等特点,相对于德性伦理来说,操作性与可行性更强,容易对个体道德发生直接的影响和规范,因而更具有优先性。

(二)协调功能

协调是指通过调整一定的关系和矛盾使之处于配合适当的状态。政治制度伦理的控制、约束是否适度与合理,也是政治制度伦理所要思考和研究的内容。政治制度伦理的协调功能体现在以下几个方面：

1. 协调政治制度与伦理的关系

政治关系作为一种社会关系，是社会发展客观规律和客观条件的体现，不受个人意志的支配。但是政治关系又会受到人类意识的调节，伦理关系就是在主体意识调节政治关系的基础上产生与发展的。单纯的政治事实本身还构不成伦理关系，只有政治关系与人的道德意识、价值取向相关联时，政治关系才具有伦理意义，政治制度伦理正是这种关系的承担者和体现者。

从政治关系与伦理关系的关系来看，伦理关系受政治关系的制约与影响，不同的社会政治制度及关系决定着人们的伦理关系的不同。同时，一定的政治关系又需要相应的伦理关系来维护和调节。如中国古代的礼治，就是把伦理关系纳入到政治关系中，形成了一定伦理政治体系。现代社会，随着人们自主意识和主体性意识的觉醒和提高，更需要将伦理关系渗透到政治关系之中，以对政治制度和体制进行协调，使其处于伦理与政治的和谐关系中，而政治制度伦理正是这一协调功能的承担者。

2. 协调各项制度之间以及各具体制度运作的和谐

不论哪种政治制度，都是由一系列具体的制度共同组成的完整体系。政治制度伦理在各项具体制度之间架起桥梁，使各项具体制度之间相互牵制、相互制约并共同发展。

不仅如此，各具体政治制度的和谐运行也离不开政治制度伦理。一般而言，政治制度的具体运作过程包括制度制定、执行、监管等程序。在制定政策法规中，由谁来制定、何时制定、为什么制定或修订等，本身就有制度规定的问题。政策制定后，由谁来执行、执行的方式、手段和目标等也应有相应的制度的规定。执行制度过程，由谁来监督，以什么方式监督，也应有制度的保障。而在制度监督之后，由谁来奖惩、怎样处罚和奖励也是一个制度问题。通过政治制度伦理的安排，可以确定政治制度的各个环节的规定是否合理恰当。在确立了各环节的制度合理安排之后，还需要促进各环节关联和程序运转的和谐，以使制度的制定、执行、监督等各项程序和环节相互连接，成为一个有序的整体。其中任何一个环节的断裂和无序，都可能使制度的运转产生问题。

（三）政治制度伦理的创新功能

政治制度伦理的创新功能是指其不断冲破旧有的政治制度体系，创建新的合理的政治制度体系的功能。

1. 为政治制度创新提供了价值目标

就政治制度伦理的现实目标而言，就是要促进制度的公正与合理。而谋求制度的公正与合理，就必须要打破原有的不公正、不合理的政治制度体系。

社会主义制度的现实目的就是要打破封建宗法专制制度，建立民主、平等、公平、正义、和谐的新制度。从长远目标来看，建立一个马克思主义所言的“人自由和全面发展的社会”，这是人类社会最高的伦理目标和价值选择。

2. 为政治制度创新提供主观条件

在政治制度伦理的构建中，评价机制是其重要的组成部分。政治制度伦理的评价标准、评价方式的丰富为政治制度的完善与创新提供了主体性的推动因素。

在社会历史发展中，政治制度的创新是各种力量共同作用的结果，其中，生产力与生产关系的矛盾构成了政治制度创新的根本动力。同时，人的主体性意识、价值意识也会对政治制度的创新产生重大的影响。人们会对政治制度作出道德与否、好坏与否、合理与否等价值评价，从而促使政治制度不断发展与创新。当然，这种主观性的评价机制，不是个人的不确定的主观性，而是许多单个的意志在相互冲突、相互作用中所形成的合力。

3. 为政治制度创新的过程提供支持

政治制度伦理由等级伦理、宗法伦理走向契约论理、平等伦理、正义伦理，实际上就是人类自身选择的结果。虽然，社会历史并不是一开始就表现为目的性，但是在社会发展中逐步完善的人的自由自觉的活动，已愈来愈显示出其对历史发展进程的主动的选择的能力。正是在历史的选择中，人们才能实现政治制度的变迁与创新，人们对政治制度的选择以及再选择，实际上就是实现了对原有制度的变革。比如，我们选择了人民代表大会制度作为我国的政权组织形式，实现人民民主，就是对专制制度的创新。随着政治制度伦理建设的深入，相信我们会选择更加合理、公正的政治制度。

政治制度伦理的规范和协调功能不是政治制度伦理的主要目的，促进政治制度发展与创新才是政治制度伦理的核心与目标。同时，政治制度的发展与创新又离不开政治制度伦理的规范与协调功能，只有在规范与协调中，才有制度的发展与创新，而制度的发展与创新也会促进制度获得新的和谐。

第三节 政治制度伦理的历史形态

以制度伦理政治为伊始，追随政治制度成长的历史，我们可以将政治制度伦理分为奴隶社会、封建社会、资本主义和社会主义政治伦理制度四种范式。

我们知道制度伦理是相对个体伦理而言的。个体伦理学注重个体的德行养成的研究，强调道义、利他、仁爱等道德规范，主要调节个人与他人、个人与社会的关系。而制度伦理规范的主要对象是社会性的组织，其关注的中心是如何为分配与保障社会成员和公民的权利而尽义务，同时协调各社会组织之间的运行，使各环节达到协调与和谐，因此，公正、平等、正义、制度诚信等是其主要道德规范。

从严格意义来讲，政治制度伦理发端于资本主义政治，在此之前的政治伦理，即奴隶政治、封建政治，不是“制度伦理政治”，本质上归属于“个体伦理政治”。由于奴隶政治制度伦理、封建政治制度伦理有着许多共同的特征，故而我们将二者归纳在一起进行分析。

一、奴隶社会与封建社会的政治制度伦理

（一）它是在自然分散的基础上而构建起来的，带有鲜明的天成性或自然性

这种自然分散的基础可以是神缘关系、地缘关系、宗法血缘关系或者是性别的差异。因此，其政治合法性来自于血缘、神性和德行，奉行天然权力至上的原则，属于“自然型的政治制度”。

（二）政治是特权或暴力的直接代表与显现

奴隶社会、封建社会的政治，不是说没有政治制度，而是此时的政治制度，从其构造动机来看，它仅仅是权力者个体政治意志的制度化存在，是实现个体政治欲求的工具系统，是个体或家族政治意志的规模化与制度化的扩张。政治生活领域是封闭的，具有高度的私人性、私密性与随意性等特

征，根本不具有独立的制度公共性，对于臣民，只是一种巨大的异己力量，是一种扭曲人性的政治制度，是“暴力”系列的一种重要的力源。政治制度的支撑点，除了神授、世袭等因素之外，另一个重要的因素就是强大的暴力机构。从这个意义上来看，奴隶社会封建社会的政治（制度），本质上是一种“暴力政治”或野蛮政治，从其根本上来说是无德的，因为它依然遵循“丛林原则”，政治生活充满了血腥、杀戮、欺诈、玩弄权术等等，文明性与符合人性化的政治生活还未真正出场。中国的韩非子和意大利的马基雅维利对该种政治的伦理品质内涵与暴力本质作了深刻的勾勒与揭示。韩非子强调统治者利用“权、术、势”等手段，借助残暴的刑罚，使民众匍匐于政治权力威暴之下，将民众仅仅作为工具，“以吏为师”成为政治伦理的主要实现模式。这些都是封建社会政治品质的缩影。

（三）政治权力体系居于社会之上，成为构建社会的轴心

此时，整个社会自治的空间尚未出现，政治力量渗透于任何一个领域，包括家庭生活和个体的精神空间，个体独立意志被胁迫，自由精神遭压制，私权思想不具有合理性，精神犯罪、思想犯罪成为霸权政治的典型特质，经济力量、经济命运完全依附于或受制于政治权力，不具有独立的界域与相对独立的游戏规则，更无独立的品格，政治权力成为主宰整个生活世界的唯一杠杆或“指挥棒”，社会的一切制度安排与运行，都以政治权力为轴心，政治权力处于社会之上，形成专制、神秘的国家主义。统治者依靠血腥、暴力、杀戮、欺诈、玩弄权术等政治手段维护自己的统治，给社会各类建设性资源造成巨大耗费与消解。

（四）政治权力的转移具有家族式的同质性，并且直接依靠暴力

奴隶社会、封建社会的政治带有鲜明的家族性、世袭性、专制主义等诸多特征。这种特征引发的政治权力转移、朝代更替，政治内在品质并没有发生质的变化，依然具有家族式的同质性，由此造成了非制度伦理的奴隶社会、封建社会特权政治。同时，这种家族式的国家专制主义政治权力的转移绝不可能使用和平方式，而是直接以一种暴力取代另一种暴力，政治成为名副其实的“战场”！这个“战场”充满计谋、诡秘、血腥，杀气腾腾。人被分为“政治人”与绝对边缘化的“非政治人”泾渭分明的两类，政治是肮脏的政治

人兴趣盎然、“争雄斗志”的战场，也是令“非政治的人”心生畏惧、厌恶的“恶”领域。

二、资本主义的政治制度伦理

（一）超越了奴隶社会、封建社会政治制度的自然因素的纽带，显示出人为的特征

随着人类对自然、对自我等关系的认识深入与发展，生产力得到进一步发展，人的主体性地位进一步增强，社会分工不再仅仅基于宗法血缘、神性、地缘等自然因素，人类的社会制度包括经济制度、政治制度等，愈来愈显示出人为的特征，我们可以简称为“人造型的政治制度”。事实上，以资本主义政治制度为始，政治制度的人造意味就明显地显示出来，即人类对自身生活于其中的政治制度不再是简单地按照自然秩序原则而形成，而是更自觉、更主动地设计政治制度、安排符合自身需要的政治制度，使政治制度具有更多技术性和现代德行的特征，体现了人类自身鲜明的价值需要、价值依托性。

（二）物权政治或金钱政治取代特权政治、专制政治

随着资本主义生产方式的产生与扩张，奴隶社会、封建社会的一切旧的关系及其原则都逐渐被边缘化。在马克思看来，资本主义生产方式作为一种强大的力量“无情地斩断了把人们束缚于天然尊长的形形色色的封建羁绊”，使“一切传统的血缘关系、宗法从属关系、家庭关系都解体了”，[①]“使人和人之间除了赤裸裸的利害关系，除了冷酷无情的‘现金交易’，就再也没有任何别的联系了”，“它把宗教虔诚、骑士热忱、小市民伤感这些情感的神圣发作，淹没在利己主义打算的冷水之中。它把人的尊严变成了交换价值，用一种没有良心的贸易自由代替了无数特许的和自力争得的自由。总而言之，它用公开的、无耻的、直接的、露骨的剥削代替了由宗教幻想和政治幻想掩盖着的剥削。”[②]更为重要的是，“贿赂代替了暴力压迫，金钱代替刀剑成了

① 《马克思恩格斯选集》，第3卷，人民出版社1995年版，第607页。
② 《马克思恩格斯选集》，第3卷，人民出版社1995年版，第275页。

社会权力的第一杠杆”。[1] 马克思揭示了资本主义政治的内在本质：基于交易原则基础之上的“物权政治”（或“金钱政治”），即以物权为依据而进行政治权力分割的政治、物权之上的政治。占据物权即金钱的多少成为分享政治权利的重要尺度。人与人政治关系的变化与调整置换成彼此间物权关系的变化与调整。政治基于物权，本质上也是为了追求与分割物权，必然要求超越血缘、宗法等非交换经济关系的人治政治，使政治生活的一切关系都逐渐形式化与程序化，从而生成新的政治游戏规则，形成以法权为轴心的现代政治文明以及新型的资本主义“制度伦理政治”。

（三）制度伦理政治开始形成

在资本主义条件下，政治制度成为“经济—政治”意志的集中载体，政治生活不再是私人化的领域，政治制度在一定程度上具有独立的公共性与开放性特征，代表不同利益倾向的政治组织成为在制度框架下为政治权力展开竞争的合法组织。这些都意味着原来的个体特权或家族特权政治让位于拥有“资本”的人格化的“群体”政治。这样的制度创设、制度安排以及在此基础上所具有的制度伦理原则、伦理秩序是一项巨大的历史成就，开启了“制度伦理政治”的历史。

（四）政治权力的替代依靠法治制度下的民主选举

资本主义制度通过普选制、竞争制来实现对社会政治资源的统筹、整合与利用，不再是依靠暴力、杀戮，公正、公开、平等、民主等一系列伦理规则要求在政治关系中得到体现。

总之，相对于奴隶社会、封建社会的政治伦理来说，资本主义政治伦理在许多方面发生了本质的变迁，凸显出政治的现代性特质。物权政治（或金钱政治、法治政治）无疑消解了特权政治、专制政治权利关系，使人的法权关系得到了历史性的提升，人在政治关系中获得了历史性的解放。但是，不可否认的是，基于物权基础上的资本主义政治制度，使人又成了“物的依附”，并受制于“物”，政治权力、政治制度依然是一种异己的力量。

---

① 《马克思恩格斯选集》，第3卷，人民出版社1995年版，第629页。

三、社会主义的政治制度伦理

正是由于资本主义政治制度对人的解放的限制与对生产力的发展的掣肘，决定了其根本性质上的不正义，所以，社会主义政治伦理制度必然要代替资本主义政治伦理制度，这是必然的，也是应当的。当然，由于社会主义是以生产资料公有制为基础、人民当家做主，因此，与资本主义有着根本的区别，这就决定了社会主义政治制度伦理在性质上根本不同于资本主义政治制度伦理。

当前，建设中国特色的社会主义政治制度伦理是社会主义政治文明的重要组成部分，也是社会主义建设的一个崭新课题，既需要有相应的法律制度建设、政治体制改革提供支持与保障，也需要文化的支撑。毛泽东早就提出“古为今用，洋为中用”的思想，因此，从中国传统文化以及西方文化中汲取有益的思想资源，就成了构建社会主义政治伦理制度的题中之意。

中国传统文化有悠久的历史，其中许多优秀传统，如爱国主义、民族精神、修身德行等思想对于今天的政治文明建设依然有着积极的现实意义。但就政治制度伦理的构建而言，中国传统文化是缺失的，我们必须要实现传统文化的现代转换。从政治制度伦理的视角而言，传统文化的现代转换主要包括从农业文明向商业文明，从人治社会向法治社会，从国家主义到以人为本的转换。

因为西方文化特别是近代以来的西方文化是建立在市场经济基础上的，尽管其实质是为资本主义制度服务，但其发展起来的文化也包含着一些人类文明的基本价值，也是人类文明的重要内容。学习西方文化及其先进经验，可以使我们的政治制度安排少走弯路，可以在短时间内取得更多更大的成效。因此，在构建社会主义政治伦理制度时，我们虽然不能照搬西方文化、西方制度，却有必要借鉴它们的长处为我所用。我们必须要在马克思主义的指导下，充分理解、吸收、转化、陶镕西方的政治伦理制度的优点与进步之处，并深入调查研究中国现实状况，结合本国国情，努力发挥创造，绝不鹦鹉学舌，盲目照搬。

（一）公平与正义是社会主义政治制度的价值取向

马克思主义理论是中国特色社会主义的指导思想。马克思主义理论可以说就是寻求社会公正的学说。公正是社会主义制度的基本价值与基础，更是社会主义政治制度伦理的核心范畴。当前,无论是建设社会主义和谐社会,还是实现社会的可持续发展,都离不开体现公平与正义的社会主义政治制度的支持与保证。在建设社会主义政治文明中,我们党特别重视公平与正义。2010 年的"两会"期间,温家宝在回答新加坡联合早报记者关于"社会公平"的问题时强调,我们国家的发展不仅是要搞好经济建设,而且要推进社会的公平正义,促进人的全面和自由的发展,这三者不可偏废。集中精力发展生产,其根本目的是满足人们日益增长的物质文化需求。而社会公平正义,是社会稳定的基础。公平正义比太阳还要有光辉。这就表明,中国的现代化绝不仅仅指经济的发达,它还应该包括社会的公平、正义和道德的力量。

(二)自由与平等是社会主义政治制度的权利表达

古往今来,人们追求自由、平等的价值与理想,归根结底是追求一种能为人们提供自由、平等的生存空间和实现形式的社会制度。马克思也不例外。在马克思看来,要实现人类解放的最终价值目标,必须通过一种蕴涵着自由、平等、正义的社会制度,即共产主义制度才能实现。资本主义制度所体现的政治自由、平等是有限的,甚至是虚伪的,因为资本主义制度将"交换价值作为整个生产制度的客观基础这一前提,从一开始就包含着对个人强制"①,因而资产阶级的政治自由只是获取利润和金钱自由的体现,资产阶级平等则是抽象的、虚伪的。

(三)民主与法治是社会主义政治制度的管理形式

民主与法治作为现代社会的管理和手段,不仅是社会政治文明的标志,也是政治制度建设和完善的有效途径。在政治制度建构中,民主与法治不仅是政治制度伦理的重要范畴,也是政治文明的重要组成部分。马克思认为,民主主要是一种政治体制,是一种国家管理形式。列宁曾明确指出:"民主是国家形式,是国家形态的一种","民主意味着在形式上承认公民一律平等,承认大家都有决定国家制度和管理国家的平等权利。"②同时指出:"在资本主义社会里,在它最顺利的发展条件下,比较完全的民主制度就是民主共

① 《马克思恩格斯全集》,第 46 卷,人民出版社 1979 年版,第 200 页。
② 《列宁选集》,第 3 卷,人民出版社 1995 年版,第 201 页。

和制。但是这种民主制度始终受到资本主义剥削制度狭窄框子的限制，因此它实质上始终是少数人的即只是有产阶级的、富人的民主制度。”[①]只有无产阶级才能实现真正的民主制度。社会主义民主必然要依靠法治，法治是保证社会主义民主制度的重要力量。

法治是对公民权利、社会价值的制度维护。邓小平曾指出：“我们今天所反对的特权，就是政治上经济上在法律和制度之外的权利”，“公民在法律和制度面前人人平等，党员在党章和党纪面前人人平等。人人有依法规定的平等权利和义务，谁也不能占便宜，谁也不能犯法。不管谁犯了法，都要由公安机关依法侦查，司法机关依法办理，任何人都不许干扰法律的实施，任何犯了法的人都不能逍遥法外。”[②]

法治相对于“德治”、“人治”而言具有优越性。我国封建传统中有很深远的“人治”、“德治”思想。“人治”的主要特征就是统治者个人权力至上，而“德治”主张依靠圣人之治、教化等非强制性手段来实施，其治理效果常常不具有长期性与稳定性，有很深的宗法等级思想。而法治则有外在的强制性、权威性、普遍性、可操作性，这些都是“人治”、“德治”无法比拟的优势所在。因此，法治是现代社会治理的主要手段和必要手段，不仅可以体现出社会的公平和正义，也是有效防止人治带来的专制和腐败的手段。

（四）信用与公开是社会主义政治制度的伦理底线

社会主义政治制度是建立在社会主义市场经济基础上的。市场经济是契约经济，契约经济的核心就是信用。而信用仅靠个体自觉地信守契约，来达成市场经济的信用经济的要求是很难实现的。因此，建立其信用制度，尤其是政府信用制度、法律信用制度对社会主义市场经济的有序和谐发展将起到积极的作用。政府作为政治生活领域最高权威、最高地位的主体，其守信用的程度不仅涉及能不能取信于民、真正有效地行使政府的公共权力，同时，对社会其他信用主体也会产生巨大影响。应该说，社会守信程度与政府信用度成正比例关系，政府信用度高，就会带动其他主体的信用度的提升，从而推动社会整体信用程度的提高。

---

① 《列宁选集》，第3卷，人民出版社1995年版，第198页。

② 《邓小平文选》，第2卷，人民出版社1994年版，第332页。

要保障制度的信用，又必须要求制度是公开的、透明的，只有制度公开，才能保证制度的信用，才有市场竞争的公平与公正，因此，制度的信用与公开，不仅是社会主义市场经济的必然要求，也是制度的基本道德要求，是制度的伦理底线。随着公众权利意识的增强，要求政务公开、信息公开的呼声也越来越强，我国政府在政务公开、信息公开等方面也做了大量的工作，取得不少成绩，但是从总体上来看，政治制度公开的建设还无法满足现代社会主义民主政治发展的要求。

以上这四方面是社会主义政治制度主要的伦理特征与要求。这些伦理特征我们没有充分展开论述，因为在本章的第三节我们具体详细地进行阐述。应该承认，由于受我们社会主义建设的历史条件与实际国情所限，这些特征还处在一定的建设阶段，还是我们坚持不懈努力奋斗的目标与动力。

第四节　政治制度伦理的基本规定

邓小平同志曾经指出："制度好可以使坏人无法任意横行，制度不好可以使好人无法充分做好事，甚至会走向反面。"①这说明制度也有好坏、合理不合理之分，问题的关键还是要诉诸制度伦理，涉及到如何对制度进行道德评价的问题。那到底什么样的制度是好的制度，什么样的制度是坏制度呢？只有在政治制度的设计、运行与管理中，注入伦理的法则和思考，才能设计和安排出一个合理的和完善的政治制度。邓小平同志在 1983 年 1 月就指出，各项工作都要有助于建设有中国特色的社会主义，都要以是否有助于人民的富裕幸福，是否有助于国家的兴旺发达，作为衡量做得对或不对的标准。1992 年 12 月，他再一次提出把"三个有利于"作为判断一切工作的标准，即：是否有利于生产力的发展，是否有利于综合国力的提高，是否有利于人民的生活水平的提高。"三个有利于"就是站在人民利益的立场上提出社会主义建设的指导思想，里面就蕴涵着正义、公平、民主、效率等伦理思想。

对政治制度进行道德评价是一个复杂的事情。邓小平的"三个有利于"所蕴涵的正义、公平、民主等伦理思想就是一个标准。衡量一个政治制度的

① 《邓小平文选》，第 2 卷，人民出版社 1994 年版，第 333 页。

好坏,我们需要从正义、公平、民主、效率、信用、公开等几个方面的基本规定综合考察。只有效率,没有公正、民主,不是好的政治制度;同样,只有公正、民主,没有效率的政治制度,也不能算是完善的制度。其中,公正与正义是政治制度的核心价值,政治制度伦理也应主要体现在对公正与正义这一核心价值的追寻上。

一、正义(公正)

自有人类社会以来,公正与正义问题就成了人们诉诸社会制度的主题,成为评价社会结构、制度运行的伦理价值尺度。虽然,在人类历史的长河里,随着制度的变迁,公正与正义的价值尺度和具体标准也在发生着变化,但是其作为社会制度的价值尺度和目标却是人类社会不断创新制度和变革社会的指针。

我们在谈论公正与正义时,通常将二者作为同等的概念与范畴来使用。在英文中,公正与正义均可以用“justice”来表示,该词来源于拉丁文的古希腊正义女神禹斯提提亚的名字——Justitia,她本身包含了正直、公正、公道等美德。我们并不否认公正与正义之间还是有区别的。它们不属于同一层次的概念,正义属于高层次的伦理价值,可以代表善或最高的善。而公正则是正义的一部分,而不是全部,它属于基本的底线的伦理价值。因此,正义与公正是种属关系,正义是制度的综合价值的体现,不仅包含着公正,也包含着平等、自由、民主等诸多制度伦理的价值内容。公正是正义的组成部分,一个不公正的制度绝不是一个正义的制度。

作为政治制度的正义,就是指政治制度对正义性的考虑,是指政治制度在其建立时是否具有正义的根据,是否被赋予了正义的属性。具体说来,它包括两个方面:一是政治制度建立的正义观基础,二是对这种作为基础的正义观的合理性进行审查。

(一)政治制度建立的正义观基础

1. 不同的正义观决定政治制度的性质与内容

政治制度是国家、单位、个人参与政治活动的一种正式规则或行为模式。单从规则或行为模式的形式来看,建立在不同的正义观的政治制度,可以采取同种形式的政治制度,但其性质与内容却大不相同。在这里,政治制度是纯形式的东西，而其性质和内容则是依据其正义观基础的不同而具有根本的区别。同样的国家制度，在阶级社会里是剥削制度、专制制度，而剥削制度的原则就是使世界不成为人的世界，专制制度必然具有兽性，并且和人性不相容；只有到了社会主义社会，它则是一种为人民的利益服务的制度，是把人的世界和人的关系还给人自己的制度。国家制度之所以会具有如此不同的性质，根源就在于它可以具有根本不同的正义观基础。

2. 不同的正义观决定政治制度的设计

人类历史上，出现过许多正义观，不同的正义观就会有不同的政治制度设计。比如，无政府主义主张"正义即互助"、"正义即无统治"。依据这种正义观，要求设计废除国家、一切权威、剥削奴役、任何形式的统治的政治制度，建立无政府的制度。功利主义主张"最大多数人的最大幸福"为原则的正义观，要求建立一种能够带来最大限度的幸福的政治制度，这种政治制度往往会为了追求最大多数人的最大幸福而牺牲部分人的幸福和自由，功利主义者认为这种牺牲与代价并不违背正义原则。而自由主义者，无论是以亚当·斯密为代表的古典自由主义者还是现代以诺齐克、哈耶克为代表的新自由主义激进派，则认为管事最少（或者有限）的政府就是最好的、正义的政府。但是，罗尔斯的正义观则从平等的权利出发，认为除非有充足理由证明应当不平等，否则就应当平等。并要求依据"公平的正义原则"分配公共资源和自由体系，在此基础上要求建立一种具有更多职能的政府。这些都表明，政治制度的设计和建立不能离开一定的正义观基础。

（二）正义观自身的合理性

不同的正义观决定政治制度的性质与内容，因此，衡量一种政治制度到底是不是真正的正义，就需要建立在不同正义观基础上的政治制度到底怎样才是真正正义的？这就需要对支撑其正义观自身的合理性进行追问。这是政治制度本身的正义的根本方面。同一形式的政治制度可以具有不同的正义观基础，有些正义观彼此相异，我们需要对此作出价值判断。无论是无政府主义的正义观，还是功利主义、自由主义的正义观，都有其一定的合理性，但都存在着一定的历史与阶级局限性、不合理性。同时这些正义观都是为面临困境的既有的政治制度提供某种应急方案与应对策略，因此，在实际上都偏重政治制度的技术性、实用性和效力。

我们知道，任何正义理论都要设计正义的实质性与形式性。正义的实质性，又称实质正义或实体正义，指的是正义所追求的合理的价值目标。正义的形式性，又称形式正义或程序正义，指的是正义所借以体现出来的形式性规定。实质正义要求政治制度必须体现人类合理的价值追求，必须合理地分配和规范个人的权利和义务；而形式正义则要求政治制度运行要遵循一套程序上的合理标准，即政治制度运行必须有一套统一、公开、公正并且有效的普遍程序。实质正义与形式正义，作为社会正义的两个方面，是互相补充缺一不可的。没有实质正义，单纯的形式正义就只能保证非正义的制度和法律的实行；而没有形式正义，单纯的实质正义就无法在制度和法律上得到真正的落实和有效的保障。真正的正义应该是实质正义与形式正义的统一。政治制度的合理、正确的正义观基础既能正确把握人与人的关系，又能正确把握人与自然界、社会的关系，它所要求建立的政治制度是一种兼顾权利与义务（包括对个人、对自然环境、对社会的前途的义务）、社会秩序和社会发展的制度。

二、民主

（一）民主的含义

民主政治是人类政治文明发展的结晶和趋势，它表明了政治的民主本质特性。尽管人们对民主的认识与理解存在着诸多的差别，但基本上都同意“民主”蕴涵基本的两层含义：一是民主作为一种政治价值观，具有一种评价性和规导性，故而属于价值范畴。这种新的民主价值标准，在相当程度上吸收了人类政治文明的合理内容，包括自由、平等、人权、法治等现代的民主理念。二是作为一种政治制度，公民可以通过各种形式的民主手段来施加自己对公共决策的影响，强调政治的合法性在于卢梭式的“公意”。在这种政府形式中，权力不是属于某一个或者某一部分人，而是属于每一个人，或者更确切地说，属于大多数人。民主的这两层含义既是不可分的，又是双向性的。[①]

作为一种政治制度民主，表现在制度和法治两个方面。在制度层面，主

① 闫键：《民主是个好东西——俞可平访谈录》，北京：社会科学文献出版社，2006年，第71页。

要表现为政治管理体制、国家性质、政党体制、选举制度、社会保障制度、司法制度等等；在法治层面，可以表现为宪法原则、法律法规、法律制度、法律价值和理念等。

（二）作为政治制度的民主，在本质上服从于国家性质

什么样的国家性质决定了什么样的民主。考察一下中外政治制度史，我们可以看到，无产阶级统治的国家，可以实行民主制；资产阶级统治的国家，也可以实行民主制；甚至奴隶主统治的国家（如古代的雅典）和封建主统治的国家（如中世纪的佛罗伦萨），同样也可以实行民主制。反过来说，实行民主制的，既可以是无产阶级统治的国家，也可以是资产阶级统治的国家，甚至也可是奴隶主和封建主统治的国家。因此，国家这种政治组织的性质规定了民主的性质和技术，与国家这个政治共同体相比较，民主只能是从属性的。因此，对民主"效果"的衡量应当考察民主作为一种政治组织技术是否实现了特定国家的政治目的。民主在希腊城邦中之所以被看做是"坏的"，是因为民主鼓动了平民的激情，背离了城邦所追求的政治德性；而法国大革命式的民主政治之所以在现代政治中被诟病，很大程度上是因为这种民主难以产生稳定的政治权威，致使国家陷入不稳定状态，背离了国家理性，使得法国和德国在国际竞争中落后于英美。由此，除非我们坚持一种普遍同质性的世界国家理念，在现实生活中，我们无法脱离国家及其政治性质的规定性，把民主看做一个独立的、有自主性的东西，相反，我们必须从国家这个政治共同体的角度来限定民主技术并由此考察民主的效果。因此，一切剥削阶级统治的国家，包括资产阶级统治在内，不论它们采取什么样的民主制度，它们的国家机构及其活动，都只能是为剥削阶级服务的，广大劳动人民只能在剥削阶级的统治下享有某些有限的权利，而不可能成为国家的主人。而社会主义民主政治则根本不同，由于国家政权的性质是民主的，劳动人民是国家的主人，在国家政权中占有统治地位，享有管理国家的最高权力，因此，民主政治的概念发生了质的变化。同时，我们采取人民代表大会制度的政体，实行民主集中制的组织原则，使得作为政治制度的民主第一次在人类历史上成为真实的民主，而不是假民主。

三、效率

（一）政治效率与政治制度效率

效率是经济学里永恒性的基本概念之一。将效率概念运用到政治学中，对于政治效率的研究应主要归功于公共选择理论学者和新制度主义学者。他们将政治运作看做一个准市场过程，注重成本与收益的分析，从而将效率概念融入其中。同时，他们还注意到了资源的有限性问题。政治制度是支撑公共领域的理性体系，是一种社会资本，要将有限的政治资源发挥其最大价值，就产生了对效率问题加以考虑的必要。当然，这里只是就政治制度本身的实用性或工具性而言，不涉及政治制度自身的性质。

政治制度运行的这一原则是就政治制度对现实社会生活的关系而言的，是由政治制度本身的实用性或工具性所决定的。由于政治制度是一种抽象的、普遍性的东西，与多种多样的现实生活存在着一定的距离，为了使政治制度具有更强的解释力和适应力，公共权力机关应该将政治制度贴近具体的现实生活。

政治效率就是政治系统在运行过程中所耗费的成本与政治统治和政治管理所实现的促进经济发展、提高人民福利和维护政治统治等收益的比率。这里的政治成本指的是政治主体在政治活动之中所耗费的政治、经济、文化、社会等资源的总和。

政治效率的高低决定着一个国家的发展状态，当政治系统的运行成本高于其收益时，政治系统就会发生震荡和变革。没有政治效率，政治民主就成为一种累赘；没有政治效率，持久的政治稳定就难以维系。而政治制度效率是指政治制度在保障政治民主、促进经济发展、维持社会和谐、推动政治发展等方面的成本与效能比。

政治制度效率是政治效率的一个重要组成部分，一个重要内容。它涉及政党制度、立法制度、行政制度、司法制度、选举制度、监督制度等等。“一个政治制度是分配政治权利的体系。”①不同的制度安排，带来不同的资源配置的结果，形成不同的交易成本，带来不同的行为效率。只有资源配置结构

① ［古希腊］亚里士多德：《政治学》，吴寿彭译，北京：商务印书馆 1965 年版，第 109 页。

合理,才能实现最优化的使用效率。

(二)效率与民主的关系

我们在讨论政治效率时,要正确认识政治效率与政治民主的关系,正确处理政治效率与政治民主的关系。现代民主追求严格而公正的程序、决策过程充分的选择性和参与性、不同意见之间的竞争性以及决策的多数决定等。其目的在于保障政治统治和政治管理的合法性与科学性。政治效率追求以最小的成本获得最大的政治统治和政治管理。政治效率在一定程度上更趋于功利性。由于民主和效率的着重点不同,在实际政治生活中常常会产生一些矛盾,例如,在决策上会出现迅速、及时地决策和严格按照程序办事、充分协商之间的矛盾。但在深层次的互动关系上,政治民主可以保障和促进政治效率。一般来说,民主强调严格的政治程序、充分的参与和协商,反对个人独裁,可以尽可能地保证政治行为的合理性与科学性,防止决策失误造成的对政治效率的损害,从而保证政治效率的提高。所以,政治民主与政治效率是辩证统一的,不应该以政治效率为借口来否定政治民主,相反应当切实推进政治民主来提高政治效率。民主与效率都是社会主义政治文明所追求的价值目标。胡锦涛在党的十七大报告中,强调指出:"要坚持党总揽全局、协调各方的领导核心作用,提高党科学执政、民主执政、依法执政水平,保证党领导人民有效治理国家"。

四、公开、透明

政治制度公开、透明是民主政治的必然要求,是政治制度伦理的基本要求。没有制度的公开、透明,就不会有制度的自由与平等,更谈不上什么制度的公正和正义。列宁说过:"没有公开性而谈民主制度是很可笑的。"①

(一)政治制度公开透明是民主决策的基础

公众获取信息的权利是社会主义民主区别于封建专制主义的"民本"的主要体现方式,也是现代民主政治的必然要求。受几千年封建文化的影响,一些部门和领导人常常是以"民之主"的身份替人民做主,忽视了人民群众

① 《列宁选集》第1卷,人民出版社1995年版,第347页。

在公共事物中的决策权。孔子曾说过，"民可使由之，不可使知之。"[①]为封建传统制度的封闭性、隐秘性作了理论上的辩护，也成为封建统治者实行愚民政策的借口。现在民主政治的实施正是对传统陈旧的愚民观念的冲击和变革，在现代社会，国家政务、公务、事务等不仅是政府的事情、官员的事情，更是老百姓自身的事情。所以，我们必须摒弃传统的官僚主义、长官意志的作风，使公共行政、政治决策、事业管理等各项事务向公众开放、尊重公共的基本人权，使人民在知情的前提下，对公开的内容、形式进行判断，并根据公开的信息对国家管理、事业管理进行决策，真正实现由少数人决策到民主决策的转变，确保人民的国家权利主体的地位的实现。

（二）政治制度透明是民主监督的前提

国家事务、经济决策、政治决策、立法过程等如果缺乏透明度、缺乏公开性，就容易导致信息封闭乃至思想封闭。在封闭的环境下，公民无从监督政权，也就失去监督权力的勇气和条件，会致使少数人的权力越来越集中，并独占公共事务的决策权和领导权。只有政治制度透明，才能提高政府的公信力，有效地杜绝"暗箱操作"和少数人的投机行为。只有政治制度透明，才能克服某些部门的"欺上瞒下"的做派，才能杜绝假话谎言。制度公开透明，还是防止腐败的有力武器。由于公众的监督、制约和检查，从而能够对权力进行有效的制约。孟德斯鸠曾经提醒人们，"一切有权力的人都容易滥用权力，这是万古不易的一条经验。有权力的人们使用权力一直到遇到有界限的地方才休止。"[②]而制度的公开、透明是防止权力越界的最有效的措施之一。

（三）政治制度透明是实现政治制度伦理的前提

公正、民主、效率是政治制度伦理的基本内容，但这些政治制度伦理最终是要落实在人们的政治行为层面，才能成为现实。也就是说，政治制度是通过规范人们的政治行为来体现其道德价值追求的，既然要人们按照政治制度规范去从事政治行为，那么就必须让人们对政治制度规范有完全彻底

① 《论语·泰伯》。

② ［法］孟德斯鸠：《论法的精神》上册，张雁深译，商务印书馆1961年版，第154页。

的了解。否则的话，人们连政治对人们的政治行为有什么要求都不知道，就根本谈不上按政治制度的要求去从事政治活动，也就无法实现政治制度的道德价值追求。

在建设社会主义政治文明中，政治透明、政务公开越来越受到党和政府的重视，建设一个透明政府已经成为政治发展的目标。我们党从十三大就提出了政务公开的要求。党的十五大报告进一步提出："坚持公平、公正、公开原则，直接涉及人民群众切身利益的部门要实行公开办事制度。"2008年，国务院颁布实施《政府信息公开条例》，这是我国推行政务公开、建设透明政府的突破性进展。它表明，政务公开已经成为我国的一项强制性法规，公民的知情权得到了制度性保障。根据这一制度，政府信息以"公开为原则，不公开为例外"，除涉及国家秘密、商业秘密和个人隐私的不能公开，其他政府信息都可以公开。政府信息的公开不再是政府的任意选择行为，而是政府的责任和义务，公民、法人和其他组织，有权依法向政府提出相关信息公开的申请。自然灾害、突发事件等也不再是国家机密，各级政府不得隐瞒不报，以最快速度向公众披露真实信息成为政府和媒体的责任。

经过60多年的努力，我们国家从中央到地方相继形成了一系列政务公开的法规制度，政务公开有法可依；政务公开的内容日益广泛，从公民的切身事务，到政府的重大决策信息，都在公开的范围。政务公开的类别也从村务公开、厂务公开、居务公开、财务公开，发展到党务公开、检务公开、司法公开、审判公开、决策公开、干部选拔公开等等；政务公开的渠道不断增多，电视、手机和互联网等新兴媒介开始成为政务公开的主要渠道。

第三章　政府道德

第一节　政府道德的含义

政府在进行行政管理活动的时候必然会涉及关于行为的是非、善恶、好坏等一系列价值判断，形成复杂的伦理关系，政府要在道德上做出表率，就需要加强自身的道德化建设。

一、政府道德的定义

对于政府道德的分析，我们主要从行政道德的角度理解，因为政府的活动过程即政府部门按照程序管理国家和社会的一切活动，就是行政。从广义上看，政府道德就是行政伦理或行政道德。张康之认为："行政伦理关系其本质是行政主体与行政客体之间的利益关系，是行政主体能否有效地服务甚至促进社会利益的实现的问题。"[①]行政伦理包括行政伦理意识、行政伦理规范以及行政伦理评价等内涵。从具体内容上说，有学者认为它包括行政良心、行政人格、行政理想、行政荣誉、行政态度、行政作风、行政责任和行政纪律等主要范畴。关于行政伦理，最早研究的学者将其限于对政府官员，即所谓行政人员的职业道德，因而"行政道德是一种权力道德，是国家行政机关及其公职人员在权力运用和行使过程中的道德意识、道德规范以及道德行为的总和。"[②]后来随着政府体制改革的不断深入，对行政伦理的讨论逐

---

① 张康之、李传军主编：《公共行政中的哲学与伦理》，中国人民大学出版社 2004 年版，第 206 页。

② 吴祖明、王凤鹤主编：《中国行政道德论纲》，华中科技大学出版社 2001 年版，第 3 页。

渐扩展到政府的制度和运行机制,政府体制及运行机制中所包含的伦理内涵。无论从哪个角度分析,学者基本的共识认为行政伦理研究政府行政活动中的伦理问题。所以,政府道德实质上就是政府作为权力主体在运作过程中所体现的伦理道德内涵,它既包括政府体制及运行机制方面的伦理道德内涵,也包括行政机关及其公职人员在权力运行和使用过程中的道德意识、道德规范和道德行为。

政府这一词语可以在广义和狭义两种含义上使用。广义的政府代表着社会公共权力,是指国家的立法机关,行政机关和司法机关等公共机关的总和。在我国,大多是在狭义上使用政府概念,是指国家政权体系中依法享有行政权力的组织体系。围绕着国家的行政权力,政府展开行政领导、管理、服务等各项活动。因此,政府道德行为是指国家的各级政府组织在执行行政权力活动中,以一定的道德意识为指导,作出具有道德意义的、能进行善恶评价的行为。有的学者把政府道德分成相关的两个方面,政府整体的道德和政府官员个体的道德。前者是后者的整体表现,后者是前者的具体反映,二者之间相互影响,相互促进,共同发展。从社会民众对它们的要求看,前者注重政府依法行政且其政策的制定与实施既符合程序又符合社会基本价值,后者注重官员个体的责任感、事业心及在多大程度上满足了社会民众的需要。

二、政府道德的特征

由于政府是社会最公共的部门,属于社会公共领域,因而,公共性是政府所有属性中最本质的方面,体现了行政管理在公共利益、公共权力、公共服务和公共责任等方面的道德规定性。为进一步理解政府道德,还需要对政府道德的基本特征有所认识。

(一)政治性与社会性

政府道德是国家把社会对行政人员的道德要求上升为国家意志,以制度化的规范形式固定下来的,目的是进一步维护国家政治统治的需要,具有鲜明的政治性。就一定程度而言,我们可以说,政府道德规范就是政治规范。因为在这里充分体现了国家的意志,从国家的高度制定规范,维护政治统治阶级的意志和利益。这不同于一般的社会公共道德,一般伦理规范,更多地反映的是一般社会生活领域的伦理要求，如社会、家庭、职业等领域中人与人之间的行为准则，都是从某个方面反映了该领域的需求和关系。政府道德的社会性体现在行政是对全社会负责的管理活动，公共行政的绝大部分活动是社会公共事务管理。政府道德不是孤立地仅存在于政府内部范围之内，它需要与社会的所有组织、公众、环境、地域发生关系。政府及其行政人员必须是社会的“公正人”。之所以说政府道德既有政治性又有社会性，就在于行政本身既带有政治色彩，又带有社会色彩。行政管理既要维护统治阶级利益，贯彻统治阶级意志，又要站在管理者立场，维护全社会的公共利益。

（二）非功利性

非功利性是政府道德的一个基本特征。政府不同于社会上的各种企业是以营利为目的。行政的公共性质决定了政府的非功利性。在现代社会，政治权力日益成为公共权力，而公共权力是附属于公共利益的，它只为公共利益服务，体现着公共性。政府中的行政管理是不同于“营利的”、“私人的”、“企业的”行政管理的，它属于公共行政的范畴。它突出了行政执行活动的主体是公共部门或公共服务机构，而公共行政的目的和性质决定了它应负起社会的责任和义务，不能用利益作为标准来进行衡量，不以功利为目的，即便有功利也是最大多数人的公共利益，而不是一己私利。当前在服务型政府构建中尤其要重视服务的质量，做好全心全意为人民服务的工作。必须用服务数量、质量和社会满意度等多种尺度作为衡量标准。

（三）整体性

政府系统不仅包括人，而且包括行政组织。它是专门行使行政权力和制定公共政策的系统，会通过一系列行政行为的实施对自己进行变革，作出关系国家和社会发展的重大决策。政府系统中的行政人员是其中的一个重要因素，必然要贯彻这一系统的伦理思想和道德意志。作为有机整体政府系统中的伦理思想和道德意志必然代表和反映全社会的公共利益，对整个社会都会发生影响。而且，行政人员在行政活动的行为代表了国家和政府形象，是代表国家和政府去执行公务的，是代表着国家和政府与社会组织和社会成员发生关系的，所以，政府道德具有整体性的特征。

（四）示范性

政府道德通过行政组织和行政人员个体的行为，对社会各个领域产生方向性和全局性的影响。行政组织的形象本应是其他社会组织的楷模，行政人员也应当是一个社会中较为杰出的人物。他们的行为本应是高尚的，对他们的道德要求也应当比一般社会成员更高。行政管理职业是行政人员依法行使公共权力、管理社会公共事务的活动，他既是公共利益的代表者和维护者与公共意志的体现者、执行者，同时，又是社会生活的组织者和领导者与公共关系的协调者和设计者。所以，行政人员既是政府形象的实际体现者，同时，政府又通过行政人员的行政行为对社会起着道德教化和示范的作用，引导社会走向理想的道德秩序。

第二节　政府的道德价值取向与道德规范

政府的道德价值取向决定政府的发展方向与定位问题。现代政府道德价值取向以“服务”为宗旨，以廉政、勤政、高效为基础。政府的道德规范反映了行政领域中的伦理关系和道德要求，是行政管理职业活动中所应遵循的基本道德要求，是行政人员进行职业行为选择的价值依据，也是对行政人员职业行为进行善恶评价的标准。

一、政府的道德价值取向

政府的道德价值取向决定着政府的整体定位，关乎政府的效能和发展方向。关于这方面的研究比较多，但总的概括来说政府应以“服务”为根本宗旨，以廉政、勤政、高效为基本要求。这是现代政府道德最基本的道德价值取向。

（一）以“服务”为根本宗旨

“服务”是现代政府建设的根本价值取向。从历史发展过程看，党和国家领导人多次强调政府服务思想的重要性。毛泽东提出“全心全意为人民服务”的思想早已成为各级政府及行政人员的工作宗旨。邓小平强调我们的政府是人民的政府，应该以人民高兴不高兴、人民答应不答应、人民满意不满意，作为政府施政的目标。江泽民同志提出“三个代表”重要思想，更好地为最广大的人民群众服务，是题中应有之意。胡锦涛同志强调“以人为本”，要求“权为民所用、情为民所系、利为民所谋”。所有这些都充分表明服务人民、服务社会是政府的根本职责和最高荣誉。只有这样的政府才是人民信赖和拥护的政府。为了更好地发挥政府的服务职能，政府改革过程中又提出了服务型政府的理念。在十届人大三次会议《政府工作报告》中，温家宝同志提出，“努力建设服务型政府”，并将其作为政府改革和自身建设的方向。对于服务的理解，学界尽管对概念的界定和使用，存在着不少差异，但其中的基本精神是一致的。

服务型政府包含着对服务的要求。在十届人大三次会议《政府工作报告》中，温家宝同志明确阐述了服务型政府的内涵，指出：“创新政府管理方式：寓管理于服务之中，更好地为基层、企业和社会公众服务。整合行政资源，降低行政成本，提高行政效率和服务水平。政府各部门要各司其职，加强协调配合。健全社会公示、社会听证等制度，让人民群众更广泛地参与公共事务管理。大力推进政务公开，加强电子政务建设。增强政府工作透明度，提高政府公信力。”这是理解服务型政府的一个重要方面。同时，党的十六大报告第一次把政府职能归结为四个方面：经济调节、市场监管、社会管理和公共服务。而一般认为，服务型政府的价值基础主要包括民主精神、服务精神及社会正义三个方面的内容。在古代统治型社会治理模式中，社会治理行为主要体现为权力意志，体现在政府的强制的统治方面；在近代管理型社会治理模式中，理想的社会治理行为主要反映法律精神；而在现代服务型社会治理模式中，既不是权力意志的作用，也不是法律精神的显现，而是服务精神。服务精神是公共管理者在职业活动中必须秉承和尊奉的。一旦这种服务精神转化为公共管理者的道德信念和道德标准，公共管理者才能实现道德自由，内化并形成崇高的道德品质。

服务型政府不但意味着政府角色的转变，也意味着政府基本理念的根本性变化。传统的政府理念在公共行政的改革中逐渐被抛弃，代之以一些新的理念。对此，美国公共行政学家登哈特作了详细概括，他认为，政府的职能是服务，不是“掌舵”。行政人员日益重要的角色是要帮助公民表达并满足他们共同的利益需求，而不是试图通过控制或“掌舵”使社会朝着特定方向发展。在一个公民积极参与的社会中，政府不是公共服务直接的供给者，而是安排者、中介人或裁判者，公共利益是主要目标。行政人员必须致力于建立集体的、共享的公共利益观念，要创造共享利益和共同责任。服务于公民而不是服务于顾客。公共利益不是由个人的自我利益积聚而成的产物，而是产生于一种基于共同价值观的对话。因此，行政人员不但要对"顾客"的要求作出回应，而且要集中精力与公民建立相互信任与友好合作关系。在思考问题上要有战略性，在具体行动上要有民主性。满足公共需要的政策和项目可以通过集体努力与合作过程得到最有效并且负责的实施。在此过程中，要确保政府是开放的和可接近的，确保政府具有回应性，以及确保政府工作的目的在于服务于公民。此外，还有诸如重视公民权胜过重视企业家精神，重视人而不只是重视生产力等积极思想。总之，在服务型政府的基本理念中，处于核心地位的人的价值——例如人的尊严、归属感、关爱以及共同的理想和公共利益得到了充分尊重，民主精神与社会正义得到充分体现。正如温家宝总理所言，让人民生活得更幸福，更有尊严。

（二）以"廉政、勤政、高效"为基础

廉政在公共行政领域尤其是在行政伦理观中具有基础性的价值定位。"廉政"一词最早出现在《晏子春秋·问下四》："廉政而长久，其行何也？"其反义词为"腐败"，主要指公务人员在履行其基本职责时以权谋私，谋取个人利益。现在所说的"廉政"，主要指政府工作人员在履行其职能时不以权谋私，办事公正廉洁。早在新中国成立前夕，毛泽东同志在党的七届二中全会上就告诫全党："可能有这样一些共产党人，他们是不曾被拿枪的敌人征服过的，他们在这些敌人面前不愧英雄的称号；但是经不起人们用糖衣裹着的炮弹的攻击，他们在糖弹面前要打败仗。我们必须预防这种情况。"①他号召全党同志务必保持谦虚、谨慎、戒骄、戒躁的作风，务必保持艰苦奋斗的作风，及时向全党特别是高级干部敲响了警钟。新中国成立初期，针对当时有的党员干部被严重腐蚀的情况，特别是出现刘青山、张子善等严重贪污犯罪的问题，党中央和毛泽东同志及时向全党发出警告，必须严肃对待党员干部被资产阶级糖衣炮弹腐蚀发生严重贪污行为这一事实，注意发现、揭露和惩

① 《毛泽东选集》第4卷，人民出版社1991年版，第1438页。

处，必须当做一场大斗争来处理。加强廉政建设，惩治腐败，事关国家兴衰。政府一定要廉洁，并把廉洁放在第一位。没有廉政，也就谈不上勤政、高效。加强廉政建设，反对腐败现象，防止因脱离群众而导致人亡政息的危险，这是我们党历来高度重视的。加强廉政建设，也是邓小平理论的重要组成部分。邓小平同志在党的第八次全国代表大会上作《关于修改党章的报告》时就明确指出：执政党的地位，使我们党面临新的考验。执政党的地位很容易使我们的同志沾染上官僚主义的习气。我们党内有一种人，他们把党和人民的关系颠倒过来，完全不是为人民服务，而是在人民中间滥用权力，做种种违法乱纪的坏事。这是一种很恶劣的反人民的作风，这是旧时代统治阶级作风在我们队伍中的反映。诚然，这样的干部为数很少，但是，他们的危害却很大。为此，党除了应该加强对于党员的思想教育之外，更重要的在于从各方面加强党的领导作用，并且从国家制度和党的制度上作出适当的规定。邓小平同志更尖锐地指出："在中国来说，谁有资格犯大错误？就是中国共产党。犯了错误影响也最大。因此，我们党应该特别警惕。"①党的十一届三中全会以后，邓小平同志对廉政建设和反腐败斗争给予了更多的关注。针对一些地区和部门出现的严重经济犯罪问题，邓小平同志认为，如果我们党不引起注意，坚决刹住这股风，那么，我们的党和国家确实要发生会不会'改变面貌'的问题。他强调，我们要一手抓改革开放，一手抓惩治腐败，这两只手都要硬，在整个改革开放的过程中都要反对腐败，把廉政建设要作为大事来抓。十三届四中全会以后，江泽民同志连续十年在中央纪委全会上发表重要讲话，对在新形势下加强党风廉政建设和反腐败工作提出了一系列重要思想。江泽民同志深刻地指出，腐败现象是侵入党和国家健康机体的病毒。如果我们掉以轻心，任其泛滥，就会葬送我们的党，葬送我们的人民政权，葬送我们的社会主义现代化大业。他要求全党同志深刻思考当今世界一些长期执政的政党因腐败问题严重而最后丢失政权的教训，要全党同志都警醒起来，切实把党风廉政建设和反腐败工作放在关系党和国家生死存亡的高度来认识、来落实。江泽民同志在中国共产党第十六次全国代表大会上的讲话中强调："坚决反对和防止腐败，是全党一项重大的政治任务。不坚决惩治腐败，党同人民群众的血肉联系就会受到严重损害，党的执

---

① 《邓小平文选》第1卷，人民出版社1994年版，第270页。

政地位就有丧失的危险,党就有可能走向自我毁灭。在长期执政的条件下,在对外开放和发展社会主义市场经济的环境中,党必须十分注重防范各种腐朽思想的侵蚀,维护党的队伍的纯洁。”胡锦涛同志也多次强调,我们党执政的实践告诉我们,提高党的执政能力、巩固党的执政地位,是我们党执政以后的一项根本任务,也是我们党将长期面对并必须始终解决好的一个历史性课题。马克思主义政党夺取政权不容易,为人民执掌好政权尤其是长期执掌好政权更不容易。反腐倡廉、拒腐防变,在任何时候任何情况下都轻视不得、放松不得。如果不能坚持不懈地做好反腐倡廉、拒腐防变工作,党的执政地位就有丧失的危险,党就有可能走向自我毁灭。这是总结我们党长期实践得出的重要结论,也是我们观察世界上一些执政党失去政权甚至分崩离析得到的深刻启示。总之,政府必须从行政伦理观的高度,强化廉政建设在行政中的基础价值地位。

在行政伦理观中,“廉政”是价值基础,没有廉政就无从谈起“勤政”,要在“廉政”的基础上再向前进,做到“勤政为民”。勤政就是恪尽职守,勤于政事,认真负责地为国为民做事。恪尽职守,勤于政事,历来为各朝各代的统治者所提倡,也为儒家思想所肯定,同时也受到百姓的称赞。在现代社会,勤政有着多方面、多层次的内涵,其中最主要就是要大力提倡和培育国家公务员的社会主义职业精神。所谓职业精神,就是与人们的职业活动紧密联系的、具有自身职业特征的精神。一是忠诚。对党,对事业,对工作,对待领导和同志要忠心、真诚。二是敬业。立足本职,爱岗敬业。三是奉献。埋头苦干,不计得失。勤政首先是想干事,表现为一种积极的态度。想干事和不愿干事,结果是截然不同的,想干事是主动的,是一种积极的态度,是勤政的基础和前提。不愿干事,表现为两个方面:一是缺乏能力,胜任不了本职工作,是一种胆怯、无能;另一方面是懒惰、动机不纯的表现。我们说任何人不是天生什么事都会干的,我们也承认人的智商是有差异的,但这不是根本,俗话说:勤能补拙,愚公移山,态度决定一切。既注重实绩,更注重做事的态度,是真做事、真想做事的,坚决用,哪怕能力弱一点,不要紧,可以安排到适当的岗位去锻炼,去增长才干;相反,对那些自我感觉良好、整天夸夸其谈,简单的事不想做,难做的事不愿做的,组织上是决不会给机会的。特别是在当前国家建设、发展的重要时期,我们更需要的是一大批想做事,勤于政事,主动想方设法做好事的干部。只有这种态度,事情才能做好。

廉政、勤政的进一步发展就是要求高效。行政效率是行政管理活动所追求的目标。任何管理活动都必须高度重视效率问题,行政管理活动更是如此,可以说不存在不讲效率的政府。政府如果没有效率,那么这种政府所谓的服务宗旨最终将趋向虚无。只有通过政府的高效才能真正体现政府的服务价值取向。公共行政的效率观是指在公共行政体系的设计和行政管理的过程中需要贯彻行政效率的价值理念,是一种通过最低的行政成本消耗来获得最大的行政产出的主观追求。行政效率是公共行政追求的目标之一,探索提高行政效率的途径向来是行政学的宗旨。早在100多年前,行政学的创始人威尔逊就指出,行政学研究的目标在于理解政府能够适当地和成功地进行什么工作,以及政府怎样才能以尽可能高的效率和在费用或能源方面用尽可能少的成本完成这些工作。行政效率是行政管理的出发点和落脚点,是行政管理活动追求的最终目标,它贯穿在行政管理的各环节、各层次中,是行政管理体系中多种因素的综合反映。行政管理应首先确定行政目标,然后尽量少地消耗人、财、物,讲时效、高质量地完成行政目标,这种低成本、低投入、高产出的行政管理就是高效率。如果一个行政组织拥有丰富的资源、拔尖的人才、先进的设备,那只是拥有了发展的基本条件,只有当这些条件被用于高效的行政管理,才能推动该地区的迅速发展,才能说这样的政府具有较高行政效率。西方社会学家韦伯认为,现代官僚制组织具有很大的优势。他主要从工具理性方面探讨了官僚制组织的优势所在。工具理性的主要标准在于效率。以官僚制为结构基础的公共行政模式,在历史上的确曾发挥了重要的作用,它的最大特征在于以专业化和职业化的优势克服了资本主义建立初期政府管理的混乱和低效,官僚制使政府工作逻辑规范化,利用其层次系统的权威和功能的专门化,使大规模的复杂任务得以有效完成,适应了工业化生产对政府职能所提出的要求,尤其是在大萧条和两次世界大战的严重危机时期,它所展示的国家动员能力使人们对它更加信服。行政效率观是公共行政中的最基本和最重要的原则性理念,但是,如果政府及其行政人员在确立行政效率观的同时,忽视了其他行政伦理观念,持有单纯的和片面的行政效率观的话,又有着诸多弊端。所以,行政效率观只是政府道德价值取向中的一个环节,在坚持行政效率观的同时,也需要拥有其他行政价值理念。

二、政府的道德规范

政府的道德规范反映了行政领域中的伦理关系和道德要求，是行政管理职业活动中所应遵循的基本道德要求，既包括对行政人员的思想意识、价值观念等主观因素的一般要求，也包括在行政人员的具体行为中应遵循的工作程序、活动原则、办事规则、言行标准和行政纪律等。这些道德要求表现为基本准则，既是行政人员进行职业行为选择的价值依据，也是对行政人员职业行为进行善恶评价的标准。行政人员无论官职大小、地位高低，都要认真对待、严格遵守。

(一)政府行为的道德选择

选择是人类行为的本质特征和基本存在方式，是主体在各种不同的价值面前自主地作出的取舍，具体到政府行为也是如此。政府行为的道德选择指主体出于明确的善恶目的、诉诸正当或不正当的手段，作出的选择，其结果也具有一定的善恶价值。因而，政府行为的道德选择是从一定的伦理原则和伦理道德体系出发，对可能作出的多种多样的行政行为作出的抉择。

1. 政府行为的道德选择前提——主体选择自由

行为的道德选择是在善恶之间进行的行为选择活动。行为的道德选择之所以能够进行，必须具备两个条件：一是道德主体有意志自由，主体本身进行选择，是自愿、自主的行为，这是行为的道德选择的主体前提。二是主体面临多种道德选择的可能性，这是行为的道德选择的外部条件。

政府行为是由代表政府机关的公职人员或行政人员执行的，因而政府行为主要是行政人员的行政行为。政府行为选择是行政公职人员对自己行为作出道德判断，或在多种可能的行政行为中选择某一种行政行为。所谓行政行为是指行政机关公务人员运用国家权力对社会事务进行管理的活动。行政管理活动中各级政府行政组织对自己的行为具有一定自由选择权。政府是执行行政权力的机关，政府的行为不是随心所欲的，必须在法定的范围内依照法律的规定来进行。但由于政府行政活动内容宽广，情况复杂多变，任何法律都不可能对全部行政活动作出缜密的规定。由此，行政机关在实际工作中具有较大的自由裁量权，即行政机关可以根据实际情况在法律规定的范围内作出决定。这种自由权就是政府行为道德选择的前提。

当然主体有选择的自由是前提,同时还面临诸多外部条件,行政行为选择与其他行为选择一样,其自由度是受外部客观条件制约的。制约行政行为选择的社会历史条件是多方面的,包括政策法律的政治取向和阶级属性;政治制度的民主化、法制化程度;机构设置的科学化程度,以及行为选择者在国家权力体系中的地位和作用等等。人们不可能超越时代、超越阶级,去选择不可能存在的行为。行政机关公职人员行为有一个重要特点,就是强调下级对上级的服从,强调政令的统一。行政行为的强制性、命令性都很强,这对行政行为的选择有一定的限制。对于某项政令,作为行政公职人员必须贯彻执行,不能另立条目,自搞一套。但是对某项政令以什么态度来贯彻执行,是以对人民负责的实事求是的态度来执行,还是例行公事、照本宣科地传达一下,甚至从个人名利出发,想在贯彻执行该项政策中表现自己,以图升迁或谋取其他利益,这就涉及道德选择问题。这就是说,同是贯彻执行一项决策,在伦理道德行为上有多种可能。因此,不能因为行政行为具有强调性、命令性就减弱行政行为伦理选择的可能性,进而减轻行政行为的道德责任。

2. 政府行为的道德选择的结果——承担道德责任

道德责任的限度与道德选择的自由度是成正比的,有多大的选择自由,就有多大的道德责任。选择的自由度越大,所负的责任就越大;选择的自由度越小,所负的道德责任就越小。那些由于主、客观条件受到严格限制,个人的努力无济于事的选择所应承担的道德责任,和那些虽然受到一定程度的限制,而个人完全可以通过种种途径改变选择处境,但没有进行主观努力,而是采取了听之任之的态度相比,所负的道德责任,显然前者小于后者。总之,道德责任的限度与道德选择的自由度密切相连。根据自由度确定选择的责任,是马克思主义伦理学的一个基本原则。从一定的意义上讲,政府行为的道德选择的可能性更多,因而政府行为的道德责任也更大。行政机关及其公职人员能够运用和调动的资源和权力范围比较大,因而他们为人民、为社会办好事办实事的可能性也多得多,即其行为道德选择有着广阔的范围。行政行为选择固然不能超越社会历史条件的制约,但也决不能忽视行政公职人员的主观能动性。在同样的客观条件下,行政公职人特别是行政领导人员,由于他们的责任心、荣誉感、道德修养、道德作风不同,他们会作出不同甚至相反的选择。因此,行为的道德选择与道德责任问题的重要性,在行政公职人员中不仅没有减弱,而且显得更加突出。行政行为选择的自由度与所要承担的道德责任,一般来讲是对等的。选择的客观条件和环境不同,选择的自由度也不同,由这种选择所承担的道德责任也不同。

3. 政府行为道德选择的内外动因

行政人员为什么会有这样而不是那样的行政行为,源于行政人员行为的动力机制。关于行政选择的伦理动因问题。有学者认为,从某种意义上说,行政选择就是一种道德选择。对于行政选择起决定作用的伦理动因是行政义务、行政良心和行政人格。行政义务也可称为行政道德责任,指行政主体在行政活动中所承担的涉及国家、政府以及人民利益关系因而具有善恶价值的责任。行政良心是行政主体对自己的行政义务的一种自觉意识,如果说行政义务具有客观的、他律的性质,那么行政良心的显著特征就是自律性。行政人格是行政主体基于对自己义务的自觉认识,通过一系列行政活动而形成又表现于一系列行政活动中的一贯品格。行政义务、行政良心和行政人格作为三种行政选择的动因代表了行政伦理发展的三个阶段。在行政行为选择中,选择的动因问题占据着重要地位。从根本上讲,利益关系是影响行政主体进行行政行为选择的决定性动因,并成为一切行政伦理现象的基础。但是,利益和利益关系的这种决定性影响和基础作用,往往又需要经过一系列中间环节,才能对行政主体的行政行为选择显示其力量。

行政行为选择在其最基本的意义上是为了履行行政责任,或称行政义务。马克思和恩格斯在《德意志意识形态》一文中深刻地阐述了义务产生的社会基础,揭示了阶级社会的义务范畴的阶级实质。依据马克思主义基本原理,行政义务从其形成的角度上分析,实质上是国家、政府以及其他行政机构对关于行政机关以及公务人员所担负的客观任务、活动方式、行为规范及其必要性所作的某种有意识的表达。在行政伦理学看来,行政义务作为一个伦理范畴,表现为行政主体在处理对政府、行政机关以及人民的利益关系时,应该履行的行政责任。行政义务之所以能成为行政行为选择的基本动因,在于行政义务在本质上具有他律性。行政义务作为公共行政领域中行政关系和行政要求的特定表现形式,即是行政义务他律性的本质体现。具体地说,行政义务的他律性表现为以下三个方面:行政义务的他律性,在于国家公务员只有从社会角度观察,才能正确认识自身所应履行的行政义务。行政义务的他律性,在于它的内容是由国家、政府和行政机构的性质、任务、政策、法规以及伦理原则所确定的。例如,《国家公务员暂行条例》规定国家公务员必须履行的一系列义务。行政义务的他律性,在于它是现实的社会关系和利益关系的产物。综上所述,行政义务正是以其具有的他律性质,具体地反映了现实社会生活所提出的公共行政要求,进而从外在方面影响国家公务人员,成为行政主体进行行政选择时的基本伦理动因之一。

行政良心是存在于国家公务人员内心深处的一种意识活动。如果说行政义务是外在的影响或约束,那么,行政良心就是对行政责任的自觉意识,行政良心的本质特征是它的自律性。行政义务向行政良心的转化,实质上就是从行政他律向行政自律的升华。必须指出的是,行政良心并不是不可捉摸的神秘现象,也不是国家公务人员情感的简单表现,而是公务人员在履行行政义务的过程中逐步形成的一种伦理意识。行政良心是公务人员意识中的一种强烈的行政责任感。这就是说,它是公务人员在行政工作过程中,由于认识到应有的行政使命、职责和行政任务而产生的履行行政义务的强烈和持久的愿望。行政良心是公务人员意识中自我评价的能力。这就是说,行政良心是公务人员在深刻理解国家、政府及行政机构制定的法律、法规、政策与伦理原则的基础上,以高度负责的态度,对自身行政行为的善恶价值进行自我评价和自我修养的心理过程。行政良心所起的作用分为行政行为选择前、选择中和选择后三个阶段。在行政行为选择前,行政良心对行政选择的动机起着导向作用。公务人员在行政行为之前,总是要从某种动机出发,进行行政选择。这时,行政良心便依据履行行政义务的伦理要求,对行政行为动机进行检查,对符合行政伦理要求的动机给予肯定,对不符合行政伦理要求的动机给予抑制或否定,从而确立正确的选择动机。公务员可以对自己的行为经常反问,"我这样做会有什么后果"、"我处于别人的位置将会怎么做"等,使自己严肃地思考、权衡和慎重地选择。简而言之,行政良心对于公务人员行政行为的选择起着"检察官"的作用。在行政行为进行中,行政良心起着监督作用。行政良心对于公务人员符合行政伦理要求的情感、意志、信念以及行政方式和手段,予以激励和强化;对于公务人员不符合行政伦理要求的情感、欲望或冲动,则予以纠正或弱化。特别是在行政行为过程中,出现认识错误、情绪干扰,或遇情况变化时,行政良心能够纠正行政主体的某种自私欲望,改变自己行为的方向和方式,以避免产生违背行政伦理要求的后果。行政良心对于公务人员正在实施的行政行为起着"检察官"

的作用。在行政行为完成后，行政良心对行政行为的后果和影响起着伦理评价的作用。对于履行了行政义务并产生了良心后果和影响的行政行为，行政良心感到满意和欣慰。对于没有尽行政义务的行政行为，它便进行自我谴责，感到内疚、惭愧。这种自我谴责，往往能形成一种强大的力量，促使公务人员改正自己的错误。综上所述，行政良心所特有的自律性质，使公务人员在行政选择中发挥着独特的伦理动因作用。

行政主体的伦理意识和伦理活动，必然都有一个目的、目标。这个目的和目标，除了从事每一个行政行为的具体目的之外，还有一个总的或是最终的、联系着行政主体的一切行为活动，贯穿于全部公共行政实践中的目的和目标，即行政价值目标。换句话说，行政价值目标是行政伦理总纲、评价命令性的目的，它保证行政伦理意识、行政伦理活动和行政伦理规范作用的统一，保证对行政行为进行调节的明确目的性。它就像是一种特殊的"定位器"，在一定的情况下确定行政方向，并适用于在行政选择中寻求一定的价值意义。行政价值目标保证行政主体在行政伦理意识整个结构的命令式统一。行政价值目标表现着行政伦理的核心原则以及全部规范，并使它们具体化。这就是说，实际上在行政主体的每一个具体的公共行政意志和行政行为活动的背后，在每一个具体的行政实践活动中，都包含着一个总的意向、一种特殊的意义，即一种行政价值或伦理价值。从行政伦理角度看，我们也可以说，一个社会或一个阶级的行政价值目标，也必然是对当时的历史进程和社会关系自觉认识的产物，具有远大行政价值目标的人物之所以伟大，正在于他比一般人能够更深刻、更坚定地认识公共行政的发展方向和先进阶级的利益，及时地把握历史进程和人民的要求，在解决历史任务和实现人民要求的斗争中，给予他那个时代和阶级的行政伦理以最好的表现。综上所述，行政价值目标是社会关系和公共行政关系的产物，是社会发展和公共行政的客观进程所提出的要求与杰出的国家公务人员的自觉认识的统一。总体来说，行政价值目标就是作为行政主体的国家公务人员的行政自律与他律的统一。

(二)政府行为评价的道德要求

政府行为评价是政府行政组织、行政人员自身以及人民群众根据行政道德的原则和规范对行政主体的道德行为进行善恶价值判断。政府行为道德评价对于行政道德建设和行政管理活动具有重大的影响和作用。政府行为道德评价与对人的评价不同,要注重整体性,也就是说对政府的评价应该是轮廓性的、整体性的,即使对单个政府行为或单个政府官员作出评价,也会辐射到整个政府形象。政府行为评价不仅具有整体性,还具有随机性。也就是说关于政府的一切信息,只要可以耳闻目睹,就随时引起评价。而且对政府行为道德评价注重其行为后果,或者说实际的效益,而不仅仅是政府的口号,更主要的是观其行。政府行为道德评价具有优先性,即道德评价比法律评价和政治评价有一种先入为主的优越性、独立而提前发挥作用的自主性,它仍然可以对法律评价和政治评价再评价。① 对政府行为评价的道德要求与政府的道德价值取向在某种程度上具有一致性。基本要求政府应该是服务型政府或责任政府,政府行为评价的道德要求主要应包括:忠于国家、尽职尽责;勤政廉政、克己奉公;依法行政、办事公道;精通政务、高效行政。

此外,从伦理学上讲,政府应该成为社会道德的表率,以自己的言行维护、支持某种积极而健康的道德风尚。政府有责任使社会成员不仅成为一个因享有政府的福利而幸福的人,而且成为一个因生活于一种安全、可信的精神环境中而善良的人。所以,政府道德不仅关系到公平正义,而且对于社会秩序的供给来说也是至关重要的。也就是说,政府在道德建设中的率先垂范对整个社会来说都是极其重要的。

在评价的标准方面,应该以什么作为最终的标准?公共行政应该为最大多数公民谋福利,实现好维护好最大多数人的最大利益。这就要我们从马克思主义唯物史观出发,既要坚持生产力的标准,又要坚持历史的标准。所谓生产力标准,就是在评价政府行为时要看其对社会财富增长的贡献,对整个社会经济发展的推动作用。邓小平曾提出“三个有利于”的标准,其中第一个标准就是生产力。在社会主义初级阶段建设有中国特色社会主义,推动现代化进程中,强调生产力作为判断一切生产关系及上层建筑是否合理的标准有重要意义。所以,推动生产力向前发展的行为是善的,换言之,某个行为要成为善的,必须有利于生产力的发展,否则都是恶的。当然,这仅是从宏观上阐明生产力标准。在对生产力标准的理解上还应结合历史的

① 李彬:《论政府道德》,《湖南师范大学社会科学学报》,2001 年第 4 期。

标准。现实生活中不能把生产力标准简单地等同于某一短暂时期的经济效益标准或物质财富的多寡,而应从长远的角度去评价,所以还要坚持历史的标准。历史的标准就是在考察政府行为时把其放到社会历史发展的总链条中进行考察,看这些行为是否有利于社会的进步,是否有利于大多数人的幸福,是否有利于社会物质文明和精神文明的发展。凡是有利于社会进步和大多数人幸福及物质文明和精神文明发展的行为就是好的善的,反之,就是坏的恶的。只有坚持生产力标准与历史标准相统一,才能科学准确地评价政府行为。

(三)政府行为评价方式的道德要求

政府行为评价方式按照其评价主体不同,我们可以把它分为自我评价与社会评价。行政道德的自我评价，就是指政府行政组织或行政人员根据一定的道德标准和自身的价值取向对自己的行政行为所作的价值判断。它的最主要特点是行政行为当事人既是评价的客体，又是评价的主体，主体要评价的客体就是主体自身。特别是由于道德评价是一种价值评价，它总是同评价者的道德认识、道德情感和道德意志有着至关重要的关系。自我评价的目的，主要是政府行政人员要正确地认识自己和了解自己的道德品质和道德行为，从而不断提高自己道德品质。因此，政府行政人员如何正确认识自己就变得尤为重要。来自自我评价的心理机制——体现内心信念的义务感、责任感、尊严感和良心。而行政道德的社会评价，是指一定社会评价主体主要通过社会舆论形式，对行政主体的行为进行善恶评判和表明倾向性态度。社会的道德评价是为认识和调节他人的道德行为服务的。社会评价的重要方式有组织评价和社会舆论评价，组织评价主要是一定行政组织或有隶属和监督关系的其他组织对政府行政行为的实施者所进行的考核、督察、鉴定评议，当然，这种评价的内容也包含了道德评价，它是一种比较正式的评价。社会舆论评价包括口头议论和大众传播媒体评价两种基本形式，它们从善恶观点出发，对被评价的政府行政组织、行政人员及其相关事件进行报道评论、指责或赞扬、贬斥或肯定，形成一种强大的外在精神力量，对评价对象施加影响，起到扬善抑恶的作用。由于社会舆论总体上代表了广大人民群众的意志、情感和价值取向，所以，具有极大的权威性。行政道德的社会评价，对于改善行政道德风尚，形成勤政廉政的道德风气，培养政府行政人员优良的道德品质，形成一种善恶分明的氛围，抑制各种损害社会利益的不道德的行政行为，具有十分重要的作用和意义。相应于政府的自我评价与社会评价，政府内部的道德评价即为自我评价，而社会舆论和传统习惯等则为社会评价。

上述关于行政道德评价形式的划分是相对的，自我评价要受到社会评价的制约，没有离开社会评价的自我评价，而社会评价又只有被自我评价所认同，才能发挥它应有的作用。因此，我们在进行行政道德评价时，只有把自我评价和社会评价统一起来，才能真正使道德评价对政府行政管理活动产生巨大的调控作用。

第三节 政府的道德责任及实现

政府的道德责任的基本内涵就是全面履行政府职能。具体而言，在社会主义市场经济条件下，政府的主要道德责任就是保障个人权利，提供公共产品，维护社会秩序，推动社会发展。

一、政府的道德责任

（一）保障个人权利

政府是人民的政府，所以，保障个人权利是政府义不容辞的责任。没有哪一个政府不以保障个人权利为己任的，即使在历史上个别时期存在过，那也不会长久。当然个人应该享有的权利是由客观的社会历史条件决定的，而且，随着社会的发展不断变化。当前公民应享有的基本权利包括人身权、人格权、政治、经济权利等。人的权利的保障具体表现在社会生活的各个方面，而不仅仅是个人的权利不受侵害就达到目的了。个人权利不受侵害仅仅是最底线的权利要求。从这个角度而言，政府要保障个人权利就必须处理好以下几个方面的关系。首先，政府应该大力发展生产力，尽可能满足众多个人的合理需要。如果基本的需要都不能满足，何谈其他更高层次权利的实现。其次，是做好社会产品分配问题。要关注在个人之间分配社会财富的总量，合乎道德的政府在分配社会财富总量时应该坚持合乎最广大人民群众利益的人民性原则,尽可能做到公平、公正。如果一旦出现分配结构关系的不平衡,则需要借助补偿或再分配的手段来消除由于出发点的不平等等原因造成的分配结果的实际不平等,满足困难群体对包括自由、收入、财富、机会、尊严的基本权利追求。

(二)提供公共产品

公共产品既包括有形的产品如水、电、气、城乡公共设施建设等具有实物形态的产品,还包括非实物形态的产品,这里主要指政府提供的服务具体包括发展社会就业、社会保障服务和教育、科技、文化、卫生、体育等公共事业等等,为社会公众参与社会经济、政治、文化活动提供保障和创造条件。它更加注重履行社会管理和公共服务职能,把更多的力量放在发展社会事业和解决人民生活问题上。有些学者从服务的性质上加以区分,分为政权性公共服务、经营性公共服务等。政府提供公共产品有政权性公共服务,如立法、行政、司法等。这些服务一般都由国家公共部门提供。社会就业、社会保障、卫生医疗、文化教育等关系人民群众日常生活的服务则是社会性公共服务。此外还有经营性公共服务如交通、铁路、邮电、通信等公用事业。政府提供公共产品必须坚持平等原则,保证全体公民平等获得公共服务。致力于建设服务型的政府应该把主要的精力放在为社会提供更多的服务和产品上,要根据人们需求的变化及时调整服务的组织形式和运行方式,使人们的需要能得到更好满足,使人民享受更多的实惠。

(三)维护社会秩序

维护社会稳定是政府的主要职能。一个稳定的社会是社会存在与发展的必要条件,所以,我们一直强调稳定是前提,没有稳定就没有社会的发展和进步。只有稳定了才能谈发展,否则一切都是空话。落实到个人上,稳定也是每个社会个体生存与生活的必要前提。随着社会的发展,现代社会关系和生活发生了深刻变化。社会经济成分、组织形式、就业方式、利益关系和分配方式日益多样化,社会矛盾也呈现出复杂化。社会系统中各个成员之间、成员与群体之间、群体与群体之间的利益竞争、利益摩擦和利益冲突日益突出,这必然会破坏社会共同体应有的稳定性,造成某种程度的混乱、失序甚至是社会结构或组织的瓦解,这给政府职能提出了新的挑战,社会稳定的形势依然严峻,维稳任务更加艰巨。政府作为公共利益的代表,有必要维护各种利益的平衡,处理好各方的利益关系。面对维护社会和谐稳定的严峻形势,必须坚持标本兼治,把长远目标和当前工作有机地结合起来,不仅要通过扎实有效的工作,不断消除现实社会中各种不稳定的因素,更重要的是要立足于构建和谐社会的要求,立足于为经济发展、社会进步、人民群众安居乐业营造良好的社会环境,立足于正确处理改革、发展、稳定的关系,建立健全维护社会稳定的长效机制,从根本上解决影响社会稳定的深层次问题。全面落实科学发展观与构建社会主义和谐社会的使命,要求尽快健全各项制度,理顺管理体制和运行机制,不断加强和改进政府对稳定工作的领导,利用社会资源,组织和动员社会各方面的力量,紧紧依靠人民群众,促进维护社会稳定长效机制的健全和完善。

(四)推动社会发展

社会发展是政府孜孜以求的目标。特别对于一个负责任的政府、服务型的政府来说更应该强调整个社会的快速发展。只有这样个人的权利才能够得到充分的保障,为社会提供更多的公共产品,社会才能更稳定有序。政府要制定正确的政策,政府所制定的政策要体现公平与效率相结合的原则。政府在制定政策时必须突出公平原则。因为一方面,效率是实现和增进公平的物质基础,不断提高经济活动的效率,创造出更多的社会财富,才能为实现公平并使公平不断升级奠定物质基础;另一方面,公平是提高效率的保障。公平的实现,能进一步调动人们劳动的积极性和投资热情,从而有利于效率的提高。政府在社会发展方面应遵循科学的发展模式。科学的社会发展模式必须是经济社会协调发展,物质文明、政治文明、精神文明、社会文明、生态文明等几个方面协调发展,也必须是人与自然、社会的各种关系和谐,使社会和谐发展,而不是恶性的循环。

二、政府道德责任的实现

政府道德责任在于其能否全面履行政府职能,而政府道德责任的实现还有赖于政治制度的道德化、道德责任的制度化以及行政人员道德化。

(一)政治制度的道德化

制度的产生根源于人类对社会秩序的渴求,进一步而言,社会秩序又植根于人类对公共利益的追求。社会成员之间、成员与群体之间、群体与群体之间必然会有着不同的利益追求,不可避免地要产生矛盾和利益冲突。政府作为社会秩序的供给者义不容辞的责任是维护社会的和谐与稳定。现代政府的一个重要特征是谋求和维持政治合法性。政府要避免其合法性危机,应将法律制度、官僚制度等和道德相结合,实现依法行政和以德行政的有机统一。张康之认为:"公共行政制度和体制的道德化,即在制度的安排中有着道德化的合理规范,包含着道德实现的保障机制,同时,已经确立的制度又是有利于道德因素的生成和成长的,能够对行政人员的道德修养的提高有着积极的作用。"①所以,政府不仅需要实现法制化,还要实现道德化,而政治制度的道德化是实现政府道德化的重要方面。政治制度的道德化,就是政府的法律制度、权力体制、组织结构、公共政策及典章制度等都必须贯彻公平、正义、平等的原则和具有充分的道德合理性。这种道德的合理性能够协调好政府与民众的关系,使整个公共行政体系进入良好的运行状态。任何政治制度的设计都是以人为逻辑前提的,良好的政治制度不仅要防止人的自私行为,更要引导人们尊重他人利益。所以一个良好的制度能够保证政治的延续性,防止政令的朝令夕改。政治制度的道德化是一种他律,其强制性可以不为个体的偏爱所左右,而且对个体的偏爱、价值追求起矫正作用,把个体的行为纳入到统一的社会道德秩序中来,制度因素起着关键作用。历史实践证明,在良好的制度下,为人从善提供了良好的条件和制度保证;而在低劣的制度下,人人会作恶,至多存在个别善行,正如邓小平所言:"我们过去发生的各种错误,固然与某些领导人的思想作风有关,但是组织制度、工作制度方面的问题更重要,这方面的制度好可以使坏人无法任意横行,制度不好可以使好人'无法充分做好事,甚至会走向反面。"②一个社会制度建设水平的高低,决定了行政人员人格的优劣。

制度的道德化与道德的制度化是政府实施德治的两个方面,制度道德化的过程就是道德的制度化实现,而道德经由一般规范或行为习惯走向制度化的进程本身就是制度的不断道德化。二者相互联系、相互影响、相互渗透、相互作用。前者意味着制度是一种软性的规则,是被人们自觉接受的规

---

① 张康之:《寻找公共行政的伦理视角》,中国人民大学出版社2002年版,第197页。
② 《邓小平文选》第2卷,人民出版社1994年版第333页。

则,表现为行为者的自律;后者则说明制度是强制的道德,能够有效约束人们的行为,突出了对行为者的他律。二者有机统一,在行为者个体那里就达到了自律和他律的统一。这样,制度就起到了保证个体真正的自由活动,同时又保证了其社会本质的实现,最后在自由自觉的活动中形成独立人格。

(二)道德责任的制度化

责任政府强调政府的责任和行政人员的责任感和责任意识。我们知道责任是主体的一种自我意识,主要依靠个人的觉悟和良知。但如果仅仅靠个人的自觉还是不够的,还需要外在的他律发挥作用,这就要实现道德责任的制度化。行政人员是公共利益的维护者,在他运用其手中掌握的公共权力行使职责时如果没有任何限制,就容易产生权力腐败,从而损害公共利益。为了维护公共利益,就必须以制度化的道德及道德责任追究机制对行政人员进行约束和监管,对违规者予以惩罚,从而达到强迫行政主体和行政人员遵守行政道德的目的。在制度论意义上,制度具有他律性和强制性的特点,对行政主体的行政行为有一般的约束力。制度作为社会上的一种底线伦理,为行政人员规定了最底线的义务,并通过社会权力机构等措施强制行政人员遵循。可见,没有制度化、形式化的力量约束,即便是个体真正奉行的德性也难以长久坚持。

道德责任的制度化可以从规范机制、监督机制以及奖惩机制等几个方面实现。就规范体系而言,要使行政人员应遵循的道德责任成为明确化、具体化的规范,为行政行为提供正确的导向。行政人员的道德培养是一个从他律到自律的过程,而制度化的道德责任规范作为一种外在约束制度,对个体具有价值导向作用。行政人员在制度的约束下使得作为外在理性和善恶标准的道德规范逐渐积淀到行政人员的内心、扎根并得到巩固,最后形成道德习惯,实现由他律向自律的转化。此外,还需要建立道德责任监督机制与道德责任奖惩机制。不断完善广大公民和全社会对行政不道德行为的控告、检举、投诉制度,加强行政机构内部的科层监督、监察和专门的审计监督,强化各级检察院、法院的司法监督权,充分发挥新闻传媒的舆论监督作用等。通过完善道德责任监督机制可使行政人员逐渐把各类外在监督转化为自身的道德习惯和道德心理,形成真正的自我监督机制。

(三)行政人员的道德化

行政人员的道德化,是指对行政人员的行政行为的道德规范化过程。“行政人员的道德化,是指行政人员以道德主体的面目出现,在他的行政行为中从道德的原则出发,贯穿着道德精神,时时处处坚持道德的价值取向,公正地处理行政人员与政府的关系、与同事的关系和与公众之间的关系。”① 行政人员的道德化既存在着理论上的必然性,更有着现实的重要意义。从理论上看,行政人员作为公共利益的代表,就必然要摒弃以个人利益为出发点的观念,从社会整体出发,把握好自己的道德自觉性,树立自觉为人民服务的道德意识,这就要求行政人员的道德化。现实生活中,行政人员的道德失范必然要求行政人员的道德化。所以行政人员的素质和道德状况是制度得以落实和实现的关键因素。行政人员的道德化需要加强对行政人员的道德责任教育。行政道德教育是培养行政人员道德素质的必然前提,也是将行政道德原则和规范转化为行政人员内在自律意识的中介。行政道德教育包括行政道德理论教育、学习教育与实践道德教育。理论学习教育主要是通过系统学习、短期培训、报告会、演讲会等形式向行政人员进行道德理论的灌输,让他们理解和掌握行政道德的基本规范,指导他们树立正确的价值观、道德观。行政道德实践教育则是要求以身作则,通过身体力行的方式进行教化。所谓“其身正,不令则行”,在行政道德的实践教育中,领导者应该起到重要的表率作用,践行行政道德。如果领导者本身道德素质就低下,势必影响到内部成员的道德。政府营造出良好的行政道德环境,有效推进政府及其行政人员行为的道德化。行政人员不仅承担着社会政治职能,而且是公共道德规范的践行者,一个社会的伦理秩序的良性运行首先需要行政人员的支持和维护。没有行政人员对个人美德的践履,社会很难走上美德供给之路,这不仅是由于行政人员的示范性作用决定的,而且是由于行政人员可能的对美德的破坏性决定的,“一切存在着社会秩序危机的时代都是与道德的失范同时出现的,而且首先是由于掌握公共权力的人们破坏社会共同体的道德原则和规范,败坏社会风气,进而引发了整个社会的道德价值的

---

① 张康之:《寻找公共行政的伦理视角》,中国人民大学出版社 2002 年版,第 196 页。

丧失。”[1]因此，行政人员应该成为践履个人美德的榜样，而不应该成为践踏个人美德的典型。要使行政人员树立正确的道德价值取向。在现代社会，政治权力日益成为公共权力，而公共权力是附属于公共利益的，它只有为公共利益服务，才能体现它的公共性。行政人员只有利用公共权力服务于公共利益时，才不会改变公共权力的性质和作用方向。这就决定了行政人员必须以维护和促进社会公共利益作为自己的道德价值取向。

① 张康之：《寻找公共行政的伦理视角》，中国人民大学出版社 2002 年版，第 343 页。

第四章　公务员道德

第一节　公务员道德的含义

加强公务员道德建设不仅有利于促进党的执政能力建设，还能推动责任政府与服务型政府建设。我国公务员制度起步较晚，虽然取得了一定的成绩，但相关的法律法规不健全，制度不完善，公务员道德素质参差不齐。所以，要从制度化入手，健全公务员道德法制，完善公务员道德监督机制和责任机制，促进公务员队伍整体道德素质提高。这就要求我们必须深刻理解公务员道德的内涵，把握其根本特征。

一、公务员道德的定义

在现代政治中，国家是通过组建由公务员所组成的行政管理体系来实现国家管理活动的各项职能的。也就是说，国家的管理活动最终表现为公务员的行政活动。在我国，公务员是指各级国家行政机关中除工勤人员以外的工作人员。公务员的职业特点是依法行使国家行政权力、执行国家公务，其权力来源于人民，又服务于人民，他们除了严格依法行政、遵守公众的道德以外，还应遵循特殊的职业道德即公务员道德。所谓职业道德是指从事一定职业的人在其特定的工作和劳动中所应遵循的道德规范和行为准则，是一般社会道德的重要组成部分。各行各业都有自身的职业道德，公务员在行使权力的过程中也有其应遵守的行政道德。公务员道德是公务员在行政管理中应遵循的道德规范和行为准则，它反映了公务员的职业性质、地位、对象、活动条件的特征和要求。公务员是人民的公仆，为人民服务是其最高宗旨，没有全心全意为人民服务的世界观、人生观、价值观，就不可能有崇高的职业理想、良好的职业态度和强烈的职业责任心。公务员道德就是国家公务员在任职期间应当遵循的职业道德行为准则。其核心是全心全意为人民服务，以执法为公、服务群众、奉献社会为主要内容，树立良好的公仆形象，做人民满意的公务员。公务员道德集中体现在公务员在任职期间要全心全意为人民服务，始终做到恪尽职守，廉政勤政。

全心全意为人民服务是公务员道德的核心内容。国家机关的公务员，无论从事何种工作，无论职位高低，都是人民的勤务员，都要坚持和实践全心全意为人民服务的宗旨，把人民群众满意不满意作为自己全部工作的出发点和归宿，把人民利益放在大于一切、高于一切、重于一切的位置上。任何一个公务员，都要坚持权为民所用，情为民所系，决不能以权谋私。手中权力越大，责任就越重，就越应当具有高度的责任感，努力做到为党分忧，为国奉献，为民造福。要把实践全心全意为人民服务的宗旨贯彻到履行岗位职责的全部活动之中，坚持依法用权，严格照章办事，尊重和保障人民群众的合法权益，自觉接受人民群众的监督，并且坚决同滥用权力、假公济私、损公肥私、欺压群众的行为作斗争。要坚定地相信和依靠群众，经常同群众保持密切的联系。国家公务人员，一定要牢固树立马克思主义的群众观点，切实摆正自己同人民群众的关系，自觉置身于群众之中，时刻倾听群众的呼声，关心群众的疾苦，想群众之所想，急群众之所急。坚决防止和克服官僚主义、形式主义等脱离群众的不良作风。

恪尽职守是对公务员起码的道德要求。公务员在行政体系中工作就是在为实现社会的公共利益作出自己的贡献。因此，公务员只有维护行政体系的正常运作才能维护社会的公共利益，而公务员做好自己的本职工作，就是对行政体系的最好维护。恪尽职守体现为必须服从行政体系的层级管理。将职务分为不同的科层，并按一定的原则确定科层之间的领导和被领导关系，正是组织实现其组织目标的重要手段。行政组织也不例外。公务员在行政体系中总是在某一科层履行一定的职务，那么公务员就应当按照自己所任职务的要求自觉服从行政体系内的层级管理，做到有令必行，有禁必止。只有这样，整个行政体系才能正常运作。在这个问题上必须克服自以为是，不服从层级管理或者将服从层级管理异化为对人的效忠的错误倾向。

公务员在从事政务活动时必须做到勤政、廉政。廉政，就是指公务员在从事政务活动时必须遵循廉洁原则。之所以要求公务员从政必须廉洁，是因为只有为政清廉，公务员才能不受干扰地去履行职责，根据整个行政体系的总的价值目标来调整各种社会关系，使社会各个方面的正当利益得以维护，从而实现社会公正。否则，行政体系就有可能沦为为某些人利益服务的工具，而损害其他社会公众的利益。因此，无论从维护社会公正的角度来看，还是从公务员与社会公众的关系的角度来看，廉政是对公务员的基本道德要求。勤政，就是要求公务员对其职务范围的事必须全身心地投入，以求最优质地完成自己的本职工作。现实生活中，某些公务员对自己的本职工作互相推诿，不负责任，给社会带来或轻或重的损失，已经引起广大社会成员的反感。所以，廉政、勤政是公务员应当遵守的基本道德准则。

二、公务员道德的特征

公共行政权力的公共性、强制性和约束性决定了公务员道德与其他职业道德不同的特征。

(一)公务员道德更为重视理性的作用

在日常生活品德中，因其所要面对的是日常生活中的人际关系，因而人们更多地强调伦理情感，以此唤醒人们的伦理良知。而公务员道德则更强调理性的作用，这是公共行政权力的公共性特点所决定的。在国家公务员身上，并存着理性和非理性两种要素和力量。国家公务员与普通人一样有着各种情感与欲望，但他作为国家公务员，又是公共权力的代表，就要求国家公务员要尽可能地放弃和克制自己作为一个普通人的非理性因素，让自己的思想、情感与个性服从公共的利益和意志。

(二)公务员道德具有更大的示范效应

公务员的行为较从事其他职业的个体行为而言，具有很强的示范性，往往对社会产生全局性和方向性的重要影响。公务员从事的公共行政与其他职业活动不同，它不仅提供公共服务，而且拥有公共权力，并以此进行利益的调整与分配。其最大的特点就在于公务员依法行使公共权力，管理社会公共事务。公务员既是群体利益的集中代表者和维护者，又是公共意志的体现者和执行者；既是社会生活的组织者和领导者，又是公共关系的协调者和设计者。公务员的职业特点，使公务员成为政府的主要象征，成为社会各行各业人们的导向。公务员道德所产生的影响已远远超出了个体的范围，对其他行业，甚至整个社会都有示范的作用。早在春秋战国时期，思想家们就看到了行政管理者的言行对整个社会的示范作用。孔子所说“君子之德风，小人之德草”，就是强调国家行政人员道德的示范效应。

（三）公务员道德包含更多的灵活性

公务员在处理各种行政伦理关系时更需要运用自己的智慧作出妥善的选择，更加注重伦理选择和伦理判断的能力。这一点从公务员道德更侧重理性的方面可以得到更好的理解，这也是由公共行政权力的公共性特点所决定的。公共行政活动是社会最为复杂的活动之一，在处理各种复杂的公共行政关系时，伦理规范常常显得模糊而缺乏现实性，需要借助国家公务员对伦理精神的领会而灵活行事，因而，公务员道德的确比一般品德具有更大的灵活性。

第二节 公务员道德规范

公务员道德规范指公务员在执行公务活动中应当遵循的行为规范和伦理要求，是国家公务员在行政行为活动中所应遵循的道德规范总和。公务员道德规范以强化责任意识为核心价值取向，以追求公共利益，维护社会公正，培养高尚的行政道德人格为基本价值取向。

一、公务员道德规范的价值取向

（一）公务员道德规范的核心价值取向——强化责任意识

现代政府要求实现责任政府和服务型政府，现代社会公共行政已经从以往的统治行政转变为服务行政，其本质就是服务，而服务型政府就是责任型政府。在我国，“实现好、维护好、发展好最广大人民的根本利益”就是公务员的全部责任。所以在公务员道德规范中应充分强化责任意识。责任意识是公务员的第一素质，是公务员立足现有岗位、开展一切工作的基础。我们对责任要有一个正确的认识。责任是一种爱岗敬业的精神，“在其位、谋其政”。视责任为使命，视工作为事业，认认真真工作，扎扎实实做事，将自己的聪明才智充分发挥出来。同时，责任还是一种敢于担当的品质。“大事难事看担当，顺境逆境看胸怀”。责任心强，就会负责地对待自己的工作，做到尽其所能，尽力而为；就会把工作做在前头，把人民群众的利益放在心头，勇于负责，敢于担当，在关键时期尽关键之责。也只有那些能够勇于承担责任的人，才能赢得群众的好评，才有可能被赋予更多的使命，才有资格获得更大的荣誉。强化责任意识就是要求公务员要敢于负责，不推卸责任，只能勇敢面对，认真解决，勇挑重担，承担风险，积极地化解矛盾，高效地推进工作，出色地完成自己的本职工作。

（二）公务员道德规范的基本价值取向

公务员道德规范的基本价值取向集中体现在为公的方面，具体表现在实现公共利益，维护社会公正，培育高尚的行政道德人格。

公务员是公共理性的产物，是“公共人”。这决定着公务员道德规范的价值本质是在公共领域为公共利益奉献。公务员追求的公共利益在其现实性上就是为人民服务，实现公共利益。在社会主义国家，把“热爱祖国、忠于人民”作为公务员的道德规范，绝不是一种宣示，而是有着深刻的理论基础和强烈的现实需要。它解决了公务员道德规范的首要问题和根本问题即公务员为谁服务的问题。公务员的权力源于人民，权力性质是公共性，权力的指向是公共利益；这一切决定着公务员道德规范应以“公务性”来体现职业精神境界。维护社会公正是公务员道德规范的基本价值内涵。公务员保证公共权力运行指向的是公共利益，如果公务员偏私，介入交换关系，用以谋取个人的利益或某一组织或集团的利益，权力的公共性就会偏离，公共利益就会受到损害，就不是公正的。公务员道德规范不仅体现在为公的方面，其最终的指向是培养公务员的高尚道德人格。公务员如何履行职能，如何处理对己、对人、对社会、对自然的关系不仅直接地为社会提供了榜样，而且会影响到整个社会成员对道德价值的追求，对社会大众的示范性和影响力巨大。所以，在个人品性上，高尚的道德人格是保证公务员从事公务活动的人性基础和基本途径，是公务道德规范的最终指向。

二、公务员道德规范的内容

公务员由于其地位和作用以及职业活动的特殊性决定了不仅要模范遵守一般群众应该遵守的道德规范，而且还必须践行与其从事的工作性质密切相关的更高层次的职业道德规范。我们可以结合公务员行为规范和公务员法深入了解公务员道德规范的基本内容。2002 年 2 月 21 日，人事部印发了《国家公务员行为规范》，并颁布实施。内容如下：“政治坚定，忠于国家，勤政为民，依法行政，务实创新，清正廉洁，团结协作，品行端正。”该规范从政治要求、思想品德、廉政勤政、秉公执法、文明服务、保密纪律、外事活动、行为举止等八个方面对公务员的行为作出规定，明确规定了公务员应该做什么，不应该做什么，提倡什么，禁止什么，是公务员道德规范的基本内容。

（一）政治坚定

政治坚定就是要努力学习马克思列宁主义、毛泽东思想、邓小平理论和“三个代表”、科学发展观重要思想，树立共产主义理想信念，坚持党的基本理论、基本路线和基本纲领，坚定地走建设中国特色的社会主义道路，坚定不移地贯彻执行党和国家的路线、方针、政策，在思想上、政治上和行动上与党中央保持高度一致。紧密联系自己的思想实际，坚定共产党人的理想信念，提高思想政治水平，加强道德品质修养，牢记“两个务必”，真正做到在改造客观世界的同时改造主观世界。

（二）忠于国家

忠于国家就是要热爱祖国，忠于宪法，维护国家安全、荣誉和利益，维护国家统一和民族的团结，维护政府形象和权威，保证政令畅通。遵守外事纪律，维护国格、人格尊严，严守国家秘密，同一切危害国家利益的言行作斗争。

公务员与国家和政府关系的本质体现在为公，即一心一意为公。国家公务员是中央和地方各级人民政府行使国家行政权力，执行国家公务，实施国家行政行为的主体，这个根本属性决定了公务员的职业行为必须无条件服从国家意志，处处考虑和维护国家的尊严和政府的声誉。

(三)勤政为民

生活上艰苦朴素,勤俭节约,反对奢侈和浪费,这是中华民族世代相传的美德,也是我们党的优良传统。因此,保持和发扬艰苦奋斗精神,坚持勤俭节约原则理所当然应该是公务员职业道德规范的重要内容。有了艰苦奋斗、勤俭节约这个"法宝",就能使公务员保持"两袖清风"的淡泊之节,真正成为人民的公仆,就能使我们的政府永远是人民的政府,是为人民服务的政府。反之,如果公务员一味追求享受,贪图安逸,唯利是图,其结果只能是败坏公务员的声誉,丧失人民群众的信任,甚至走上犯罪的道路。

勤政为民就是要忠于职守,爱岗敬业,勤奋工作,钻研业务,乐于奉献。一切从人民利益出发,密切联系群众,关心群众疾苦,维护群众合法权益,自觉做人民公仆,让人民满意。坚持勤政为民,必须围绕人民群众最现实、最关心、最直接的利益来落实,努力把经济社会发展的长远战略目标和提高人民生活水平的阶段性任务统一起来,把实现人民的长远利益和当前利益结合起来。

(四)依法行政

依法行政就是要遵守国家法律、法规和规章,按照规定的职责权限和工作程序履行职责,执行公务,依法办事,严格执法,公正执法,文明执法,不滥用权力,不以权代法,做学法、守法、用法和维护法律、法规尊严的模范。公务员的职业性质决定了不管他官职多高都要能够正确使用手中权力,切实保证全心全意为人民服务的宗旨不变。完善行政执法体制和行政监督制度,规范行政执法行为。依法行政的核心是规范行政权力,各级政府都要严格执行国家法律法规,按照法定权限和程序行使权力、履行职责;所有政府工作人员都要坚持依法办事,学会并善于依法处理经济社会事务。

(五)务实创新

务实创新就是要解放思想,实事求是,理论联系实际,说实话,办实事,重实效,报实情,踏实肯干。实事求是要求一切从实际出发,这是公务员在行使行政管理权力,执行公务时必须遵循的主要职业道德行为规范。务实是基础,还要勤于思考,勇于创新创新就要不断解放思想、实事求是、与时俱进。

（六）清正廉洁

清正廉洁就是要克己奉公，秉公办事，遵守纪律，不徇私情，不以权谋私，不贪赃枉法。清正廉洁的职业道德规范既是公务员公正无私执行公务的需要，也是消除政府机构腐败现象的重要保证。公务员要真正做到以一心为公，全心全意为人民服务为标准去执行公务，就必须保持洁身自好、清正廉洁。因为只有遵守清正廉洁的行为规范，公务员执行公务时才能理直气壮，公道正派。

（七）团结协作

团结协作就是要坚持民主集中制，不独断专行，不搞自由主义。认真执行上级的决定和命令，服从大局，相互支持，团结一致，勇于批评与自我批评，齐心协力做好工作。

（八）品行端正

品行端正就是要坚持真理，修正错误，崇尚科学，破除迷信。学习先进，助人为乐，谦虚谨慎，言行一致，忠诚守信，健康向上。模范遵守社会公德，举止端庄，仪表整洁，语言文明。

第三节　公务员道德建设

积极探索新形势下公务员道德建设的规律和特点，加强公务员道德法制建设，深化道德监督机制，完善责任机制，尽早建立起适应我国改革和发展内在要求的公务员道德建设框架。这对于我国公务员道德水平的整体提高有着举足轻重的作用。

一、公务员道德的法制建设

法律和道德是社会进步的双翼，是维护社会秩序的重要手段，两者的关系极为密切，从某种意义上来说，道德是法律的基础，是法律的支柱，离开了道德，法律仅仅是一种外在的约束和强制。如果说法律能约束人们的行为不超出法律的规定,道德则可以激发出人们巨大的热情和负责精神,用自己的道德行为去弥补法律的不足。法律应以完善道德为目的,从而把一些最重要、最基本的道德要求直接纳入法律规范中,使之制度化、法律化,成为人人必须遵守的行为规范。针对我国在公务员道德建设中法律法规欠缺的现状,加强公务员道德法律法规的建设是当务之急。公务员道德法制化,就是以立法形式把公务员的从政道德规范确定下来,并以法制力量保证他们有效实施。古语有云:“没有规矩不成方圆。”法制就是使公务员道德建设公平、公正、科学、民主的保证。公务员道德建设要靠科学的制度作保障,公务员道德制度则要靠法制作保障。法制是公务员道德建设的重要内容。邓小平同志指出:“旧中国留给我们的封建专制传统比较多,民主法制传统很少。解放以后也没有自觉地系统地建立保障人民民主权利的各项制度,法治很不完备。”①法制的不完善是当前我国公务员道德建设存在的一个主要问题。他还指出:“对于干部和共产党员来说,廉政建设要当做大事来抓,还是要靠法制。”②因此,要着重加强公务员道德的法制建设。

加强公务员道德的法制建设是一个系统工程,它包括公务员道德的法律、法规建设和公务员道德的司法制度建设。现代西方资本主义国家通过立法加强公务员职业道德建设,集中反映了人们希望运用道德和法律的双重力量,加强公务员队伍建设的强烈愿望。国外制定的加强公务员职业道德建设的法规很多,如英国《荣誉法典》中的《雇员保密法》《防止贪污法》;美国先后通过的《政府工作人员道德准则》《美国政府行为道德法》等多部法律;1999 年韩国修订了 1981 年制定的《韩国公职员道德法》等。这些关于公务员的职业道德立法对我国公务员道德的法制建设具有积极的借鉴意义。在这里,道德被赋予法律的形式获得了正当性、严格性、合法性的依据和强制性的实现力量法律融入了道德的内容,获得了以社会舆论为基础的意志和情感动力,有助于提高其调节效果。通过立法加强公务员职业道德建设,虽不一定能从根本上遏制公务员的腐败行为,但对规范公务员言行,树立公务员形象,提高行政效率具有重要意义。一方面,它使公务员职业道德建设更加具体化、条理化、明确化,便于公务员遵照执行;另一方面,它为有关机

① 《邓小平文选》第 2 卷,人民出版社 1994 年版,第 332 页。
② 《邓小平文选》第 3 卷,人民出版社 1993 年版,第 379 页。

关和社会各界监督公务员行为提供了客观依据和可参照标准，因此，它对我国公务员制度建设具有重要的启示作用。我们可以借鉴国外的一些先进经验，以法律的形式规范公务员的道德，用条文的形式对公务员的职业道德作出明确的规定，增强监督和考核的可操作性。公务员道德的法律、法规建设就是给公务员道德立法。社会主义建设新时期，我国在吸取新中国成立以来的干部道德建设与西方行政道德建设的经验的基础上，根据我国当前的国情，结合治国、治党的新情况、新任务制定了多部国家公务员法规和党内相关规定。2005年4月27日十届人大常委会十五次会议通过的《中华人民共和国公务员法》第十二条规定：公务员应当履行下列义务：

（一）模范遵守宪法和法律；

（二）按照规定的权限和程序认真履行职责，努力提高工作效率；

（三）全心全意为人民服务，接受人民监督；

（四）维护国家的安全、荣誉和利益；

（五）忠于职守，勤勉尽责，服从和执行上级依法作出的决定和命令；

（六）保守国家秘密和工作秘密；

（七）遵守纪律，恪守职业道德，模范遵守社会公德；

（八）清正廉洁，公道正派；

（九）法律规定的其他义务。

在公务员立法工作上取得了一定的成绩。但是当前我国公务员道德立法尚不完善，在加强公务员道德立法制度建设的同时，还要加强公务员道德的司法制度建设，使公务员道德法制建设工作上一个新台阶。

二、公务员道德的监督机制建设

孟德斯鸠指出："一切有权力的人都容易滥用权力，这是万古不易的一条经验。有权力的人们使用权力一直遇到有界限的地方才休止……要防止滥用权力。"①目前，我国公务员道德监督机制作用不明显。公务员道德法律法规制定后必须要有相应的道德监督机构和执行机制，否则易流于一纸空文。在我国，公务员的监督是指依法享有监督权的主体，通过法定形式，依法定程序对国家公务员公务行为的合法性和合理性进行综合管理的过程。

① ［法］孟德斯鸠：《论法的精神》，张雁深译，商务印书馆1961年版，第354页。

对公务员实行监督的主要内容包括政治监督、行政监督和道德监督。道德监督是公务员监督的重要组成部分。公务员道德监督是监督主体通过各种形式的监督方式,根据公务员职业道德规范与要求对公务员行为是否符合公务员道德规范的监督活动。道德监督是公务员监督的一部分,二者拥有同一个监督主体。我国公务员道德监督的主体有政党、国家机关、人民群众和新闻舆论媒体等。可见,要依靠社会力量,加强法律监督、民主监督和舆论监督的力度,切实发挥人大、政协、民主党派、人民团体以及新闻媒体等的作用,切实担负起对公务员道德监督的重担。

加强公务员道德监督机制建设就必须建立一个法制完备、民主健全和多种功能的监督体制和网络。要保障道德监督的力度就必须提高道德监督意识,道德监督意识不是公务员单方面的形成的。我们要着重培养人民群众主动监督公务员的监督意识。同时,要强化有关的监督机制,从制度上保障监督主体对公务员道德监督的效用。强化道德监督机制就要理顺各个监督主体的关系,我国监督主体形式多样,监督机构复杂:一是多种道德监督机构的并存,会造成多头管理,责任缺失的情况。二是监督主体独立性差。我国的监督机关实行"双重"领导体制,在实际运作过程中,相关的监督机关的权力实际上掌握在同级党委和政府手中,使监督部门难以独立地开展工作,特别是同级监督执行起来更加困难。理顺政党监督、国家行政机关监督、国家司法机关监督的关系和职责,使其能够更广泛、更有效地开展公务员道德监督工作。同时,还要大力发挥群众监督和社会舆论监督的功能。邓小平同志指出:"要有群众监督制度,让群众和党员监督干部,特别是领导干部。"[①]增强公务员工作的透明度,便于监督主体对公务员的道德监督。政务公开不仅是政府改革的创新之举,也是公务员道德监督建设的重要组成部分,只有做到了政务公开,才能使监督主体更好地履行监督职责。

我国长期存在一个突出的问题,就是等级特权现象侵入干部道德领域,越是级别高和权力大的部门和干部,对其道德要求和道德监督就越难以落到实处。他们在道德建设方面似乎总是处于居高临下、教育别人的地方,自身则仿佛置身于这些道德要求之外。西方人主张对官员要像贼一样看紧。权力失去约束,它就肆无忌惮;权力失去监督,它就得寸进尺,这是权力的天

① 《邓小平文选》第2卷,人民出版社1994年版,第332页。

然属性。因此,建立一个高效、超然、权威的道德监督机构是加强我国公务员职业道德建设的当务之急,它的权威性表现在它对同级的各个部门具有无一例外的监督权。为有效实施行政伦理监督,必须不断加强和完善行政伦理监督机制的构建。党的十六大报告指出:"建立结构合理、配置科学、程序严密、制约有效的权力运行机制,从决策和执行等环节加强对权力的监督,保证把人民赋予的权力真正用来为人民谋利益。"中央《关于建立健全教育、制度、监督并重的惩治和预防腐败体系实施纲要》强调:"坚持教育、制度、监督并重。教育是基础,制度是保证,监督是关键。三者统一于惩治和预防腐败体系之中,相互促进,共同发挥作用。既要从严治标,更要着力治本,惩防并举,注重预防。" 完善行政伦理监督机制必须进一步完善监督防范机制。完善监督防范机制,必须进一步深化改革、创新体制,形成能够有效防范腐败的体制机制,加大从源头上预防和解决腐败问题的力度。要建立健全反腐倡廉基本制度,完善对权力制约和监督的制度。坚持民主集中制这个党的根本组织制度,健全民主集中制的各项具体制度。建立和完善党内情况通报、情况反映、重大决策征求意见等制度。建立党的代表大会代表提案制度。积极探索党的代表大会闭会期间发挥代表作用的途径和形式,建立代表提议的处理和回复机制。扩大在市、县实行党代会常任制的试点。完善重大决策的规则和程序。完善领导干部民主生活会制度,提高民主生活会质量。制定落实党内监督条例的各项配套措施,建立和完善巡视制度。完善反腐倡廉相关法律和规范国家工作人员从政行为的制度。

公务员道德监督机制建设,还要推进从源头上防治腐败的制度改革和创新。深化干部人事制度改革。积极推进干部人事工作的科学化、民主化、制度化进程,扩大党员和群众对干部选拔任用的知情权、参与权、选择权和监督权。继续推行和完善民主推荐、民主测评、差额考察、任前公示、公开选拔、竞争上岗、任职试用期等制度。规范和全面推行党的地方委员会全体会议无记名投票表决推荐人选制度。落实和完善党政领导干部辞职制度和任职回避、交流制度,实行党政领导干部职务任期制度,完善职务和职级相结合的制度。抓紧制定体现科学发展观和正确政绩观要求的干部业绩考核评价标准。完善党内选举制度,改进候选人提名方式,适当扩大差额推荐和差额选举的范围和比例。逐步扩大基层党组织领导班子成员直接选举的范围。完善行政执法责任制和评议考核制。制定行政效能投诉、行政过错责任追究办法。研究制定行政收费、行政强制和行政程序等方面的法律法规。规范并加强对社团、行业组织和社会中介组织的管理。完善国有资产管理体制和监管方式,健全法律法规和工作制度。推进垄断行业的改革,引入竞争机制,完善监管制度。要推进司法体制改革。制定和修改有关法律,完善司法机关的机构设置、职权划分和管理制度,形成权责明确、高效运行的司法体制,保障审判机关和检察机关依法独立公正执法。完善执行工作机制。完善检察机关的法律监督职能,健全检务公开制度。健全司法工作规范和违反司法行为责任追究制度。特别要提高制度建设的质量和水平,严格贯彻执行反腐倡廉各项制度。建立与完善惩治腐败机制,旨在有效解决国家公务员不敢腐败问题。在这个意义上,惩治腐败机制是一种特殊的防范。预防和惩治是反腐倡廉,也是行政伦理监督中相辅相成、相互促进的两个方面。加大预防腐败的工作力度,绝不是要放松惩治腐败的工作。不仅不能放松,而且要继续抓得紧而又紧。进行有效预防本身就要求实行严肃惩治,而实行严肃惩治本身又有利于进行有效预防。惩治腐败,必须从严。惩治有力,才能增强教育的说服力、制度的约束力和监督的威慑力。胡锦涛同志曾指出:"面对当前一些领域腐败现象依然易发多发的态势,我们必须继续严肃查处违纪违法案件,特别是要坚决查处大案要案。对腐败分子,发现一个就要坚决查处一个,绝不能姑息,绝不能手软。只有这样,才能向广大人民群众表明我们党加强党风廉政建设和反对腐败不可动摇的决心,才能消除腐败现象带来的消极影响,才能遏制住腐败现象的滋生蔓延,也才能教育一大批干部。"中央《关于建立健全教育、制度、监督并重的惩治和预防腐败体系实施纲要》提出,要在惩治和预防腐败体系中充分发挥惩治的重要作用。加大预防腐败的工作力度,决不是要放松惩治腐败的工作。不仅不能放松,而且要继续抓得紧而又紧。进行有效预防本身就要求实行严肃惩治,而实行严肃惩治本身又有利于进行有效预防。要通过坚决查办违纪违法案件、惩处腐败分子,严肃党的纪律,使广大党员、干部受到教育。要针对案件中暴露出来的苗头性问题和薄弱环节,及时制定规范,堵塞漏洞。着力减少腐败现象滋生蔓延的土壤和条件,增强干部群众对惩治腐败的信心,更好地形成惩治和预防腐败的合力。《中华人民共和国公务员法》第一百零二条规定:"公务员辞去公职或者退休的,原系领导成员的公务员在离职三年内,其他公务员在离职两年内,不得到与原工作业务直接相关的企业或者其他营利性组织任职,不得从事与原工作业务直接相关的营利性活动。公务员辞去公职或者退休后有违反前款规定行为的,由其原所在机关的同级公务员主管部门责令限期改正;逾期不改正的,由县级以上工商行政管理部门没收该人员从业期间的违法所得,责令接收单位将该人员予以清退,并根据情节轻重,对接收单位处以被处罚人员违法所得一倍以上五倍以下的罚款。"这就为完善监督防范机制提供了有力的法律支持。

三、公务员道德责任机制建设

在社会生活中,任何人都必须为自己的行为负责。公共行政主体的行政管理活动,也是建立在行政责任的基础上的。行政责任是确保整个社会有效约束公共权力、确保社会进入良性运行状态的可靠工具。行政责任是行政人员在行政管理这一特殊职业活动中的责任,属于职业责任,它表现为对行政人员从事行政管理工作的职业要求和应尽的义务。具体而言,行政责任是行政管理活动的基础。行政责任是确保行政权力被正确运用的必要手段,是维护社会秩序、确保公民权益的必要条件。在民主社会中,政府组织是由大众创立和为了大众而创立的,它需要对大众负责。根据民主的观念,政府必须对民意负责,进而对民选的代议机构负责。另外,行政责任将行政管理活动的基本方面法律化和制度化,使行政主体有了明确的权利和义务,明确了行政体系内部不同部门、不同人员、不同层级的权力和责任,因此,它有助于规范权力的运行,使其有序化。行政责任使行政人员与其行政管理职业完整地交融一体,激发了行政人员的事业心和责任感。如果每一个行政人员都拥有着强烈的道德责任意识,那么,行政目标的实现不再是依赖行政体系权力结构的等级化,而是在行政人员的行政责任意识指导下得到贯彻执行。

在我国,对行政人员的行政责任有着一系列的规定,综合这些规定的内容,大致可以概括为以下几个方面:必须遵守国家的宪法、法律、法规;忠于政府,忠于职责,遵守行政管理职业道德;维护国家安全、公共利益和政府的声誉;依照国家法律、法规和政策执行公务;为人民服务,接受公众监督;服从领导,执行命令,听从指挥;坚持实事求是,保守国家秘密和公务机密;不得接受馈赠,在一般情况下不得兼职,更不得从事营利性活动;积极接受职位必备知识和技能的培训;团结协作。行政人员在这些职业责任的履行上,负有相关的责任。如果行政人员不依法履行其义务时,还要承担相应的行政责任,为其行为后果付出代价。依据行政人员没有履行这些责任义务的程度,他要相应承担如下几种后果:身份处分,使其丧失公职人员身份;行政处分,通过名誉、物质、职级、公职身份的处分,使其承担责任;承担法律责任,这包括行政法律责任,包括行政赔偿责任,在构成犯罪时还包括应依法承担刑事责任、政治责任、道德责任。

行政管理的职业责任要求表现在:行政人员需要对最为直接的上级负责,贯彻上级的指示或相互之间已达成一致的行政目标和任务;同样,作为上级或领导的行政人员也需要为下级负责;行政人员需要对民众负责,洞察、理解和权衡他们的喜好、要求和其他利益,并在公共政策上体现出来。行政责任包括行政职责与行政义务两个方面的内容,但是职责与义务相比,义务更为根本,职责是确保义务得以实现的手段。随着公共行政的发展,在行政体系中,行政责任将越来越少地取决于行政职责关系,而且越来越多地取决于根本性的义务关系。也就是说,行政职业责任将越来越从属于行政人员所应承担的义务,甚至行政职责会越来越多地转化为行政义务,表现为行政人员在处理个人与社会公众、个人与国家和政府以及行政人员之间关系时所应履行的行政义务。

公务员道德责任机制建设重点应放在对公务员道德责任意识的培养上,只有拥有较强的道德责任意识,才能充分地发挥道德责任在公共行政中的重要作用。公务员的道德责任意识要注重公务员的道德责任认同意识、承担意识的培养。其中,对道德责任的认同是自觉承担道德责任和勇于监督自我和他人履行道德责任的先决条件。只有在道德责任获得普遍认同的条件下,道德责任才能更好地被履行。

总之,加强公务员道德建设任重而道远,无论从法制建设还是监督机制和责任机制完善方面都有更长的路要走。而且,在此过程中还要不断探索新办法和新模式,不断强化道德教育,对公务员行政行为进行正确引导。唯有如此,才能有助于逐步减少并最终清除公务员队伍中的非道德现象,净化公务员队伍,纯洁政风,塑造廉洁公正的政府形象,永固党的执政地位。

第五章 政党道德

第一节 政党道德的含义

当今世界,大多数民族国家都实行政党政治。道德对于一个政党的生存和发展具有重要意义:一个政党能否得到发展,很大程度上取决于这个政党所属成员的道德和智能的高低,正如孙中山所说:“政党之发展,不在乎一时势力之强弱,以为进退,全视乎党人智能道德之高下,以定结果之胜负,使政党之声势虽大,而党员之智能道德低下,内容腐败,安知不由盛而衰?若能养蓄政党应有之智能道德,即使势力薄弱,亦有发达之一日。”[①]在孙中山看来,一个政党,如果没有高尚的品德,则“声誉必堕地以尽,国民必不能信任其政策”,这种“无道德之政党”,一定不能“长久存在”。

一、政党道德的定义与特征

政治组织是关系着社会公共权利、公共事务的社会组织。政治组织主要是国家政权(政府)和政党,政治组织道德自然也就分为政府道德和政党道德两大类。政府道德是政府在社会公共生活中实现的政治道德,政党道德则是政党在社会公共生活特别是在政治活动中实现的政治道德。那么,什么是政治道德?政治道德是指一定阶级和政治集团为了实现一定的政治理想和维护一定的政治秩序,在政治实践中形成的伦理价值观、道德准则和政治行为主体的道德规范的总和。政治道德关注的是道德理念、道德原则

① 《孙中山全集》,第9卷,中华书局1985年版,第456页。

和道德规范如何合理地、创造性地运用于现实的政治活动之中。

政党道德的特征主要有这么几个方面的内容：

（一）鲜明的政治性

政党是一定的阶级为实现其一定的经济利益而建立的，而政党只有掌握政权才能实现其政治纲领，获得经济利益。因此，政党总是和国家的政权相联系的，以执掌政权为主要目标。这也是政党区别于其他组织的标志之一。政党这个特征赋予政党道德很强的政治性。

（二）明显的先进性

因为中国共产党是执政党，党政机关中的工作人员绝大多数是共产党员，所以，"党风"和"政风"、"党德"和"政德"有着本质的联系，在党政机关任职的共产党员的先锋模范作用，必须要通过他们的公务活动和道德实践充分体现出来。另外，执政道德作为一种行使公共权力，执行国家公务相联系的职业道德，也就决定了执政主体必须具有比一般社会公德和其他行业的职业道德更高的标准，才能担负起人民赋予他们的重托。执政道德的先进性集中体现在执政道德价值取向的人民性方面，全心全意为人民服务是党的宗旨，也是执政道德的核心和基本原则，是中国共产党同以往任何时代、任何阶级的本质区别所在。

（三）一定的强制性

一般而言，道德主要来源于社会的价值观念和信仰之中，也没有固定的形式，主要依靠社会舆论、习惯、良心、信仰来维持和保障实施，执政道德也有这方面的特点。但是另一方面，由于执政者的职业是关系到一个地方、一个部门、一个单位乃至一个国家的发展方向、前途和命运，所以，党的干部在社会中担负的责任极其重大，社会公众对执政党的干部的职业素养也赋予极高的期望值。因此，通过党的干部所体现出来的执政道德也就受党和国家制度的约束。同时，由于道德与法的一致性，许多国家的执政党和政府都有将执政道德法制化的倾向。执政道德在实现方式上，除了主要通过行为评价之外，也逐步通过强制的手段，从而较其行业的职业道德相比，具有强制性与非强制性并举的特点。

(四)高度的示范性

执政者的职业与其他社会职业相比,其最大特点,在于依法行使公共权力,对整个社会的公共事务进行管理。执政党的各级党的干部既是社会公共利益的集中代表者和维护者,又是公共意识的体现者和执行者;既是公共活动的组织者和设计者,又是公共人际关系的协调者和设计者。在社会活动中,执政者显然处于"组织"、"协调"、"控制"、"管理"、"服务"的地位。执政者的职业特性使得执政道德在党的干部的行为和内在规范上,已超过了对党的干部个体的范围,而是通过党的干部个体达到对整个社会全局的调整。各级党的干部的职业道德状况如何也将直接影响其他各行各业乃至全社会的道德状况。因此,执政道德在社会道德体系中,处于示范引导的地位。

政党道德的状况,不仅影响着整个社会,也影响着政党自身的兴衰存亡。例如,国民党就是一个唯道德定位的革命党,正如孙中山所说:"我们革命党恃主义真理及道德而已。故吾党以德服人,非以武力服人;大家要知武力实不足恃,唯德可以服人。"①党是由党员个人组成的政治群体,"党德"包括党员的个体道德,但更指作为群体的政党道德。一切政党都应有道德,执政党更应有道德。政党的道德是通过党的纲领、章程、理想、路线、方针、政策、制度、活动等体现的。

二、政党道德的类型

要分析政党道德的类型,首先要考察政党的类型;政党的类型不同,政党道德类型也就不同。要对政党进行分类,就需要有一个标准。然而,关于政党的分类,长期以来,国内外学术界一直是众说纷纭,莫衷一是,各有不同标准。限于篇幅,我们只能就目前国内外学术界通常采用的两种主要政党分类标准进行政党分类。

(一)以政党是否掌握政权为标准,有执政党(参政党)和在野党(反对党)之分。政党作为以夺取和巩固政权为主要目标的政治组织,其政治活动主要是围绕政权展开的。一个政党是否掌握政权,直接反映了其政治影响

---

① 《孙中山全集》,第5卷,中华书局1985年版,第628页。

力的大小,是其政治地位的重要体现。在日常政治生活中,人们观察一个政党首先注意的就是其是否掌握政权。因此,我们要对政党进行分类,是否掌握政权无疑是一个重要标准。世界各国和地区政党以是否掌握政权为标准,可划分为执政党(参政党)和在野党(反对党)。执政党又称“在朝党”,是指一个国家和地区中在台上执掌政权的政党。执政党既可以一党单独组阁,也可以两党或多党联合执掌政权,这一般要视其在选举中所得票数(或议席)多少而定。在执政党中还有一种特殊类型——参政党,顾名思义即参与执政的政党。参政党虽然参与执掌政权但在政权中并不占据主导地位甚至在政治上还要接受执政党的领导。政党的类型有执政党(参政党)和在野党(反对党)之分,政党的道德类型也就有执政党的道德和在野党的道德之分。

(二)以政党的阶级利益为标准,我们可把政党划分为资产阶级政党、无产阶级政党、小资产阶级政党、农民阶级政党等等,其中,资产阶级政党和无产阶级政党是当今世界存在的两大主要类型的政党。资产阶级政党完全是适应资产阶级经济、政治利益上的需要而产生的,代表着资产阶级利益和意志,并为维护其利益和意志而斗争;无产阶级政党是无产阶级的政治组织,它以无产阶级作为自己的阶级基础,是无产阶级利益的集中代表者,是无产阶级进行经济斗争、政治斗争的工具,是建设社会主义,实现共产主义得领导者。因此,资产阶级政党的道德和无产阶级政党的道德,在道德规范、道德标准以及道德的价值取向上存在很大的不同。

第二节　政党道德规范及作用

一、政党道德规范

道德具有规范性。与其他社会意识形态类型相比较,道德是以一定的概念、范畴和一系列的道德规范反映并作用于社会的存在。这种规范性的特点就在于:以善恶来认识、评价和把握社会生活中人与人之间的关系,通过外在的舆论评价和内在的“良心”体验形成强大的“规范场”,引导和约束人们的行为。那么什么是政党道德规范呢?政党道德规范,则是引导和约束政党成员及政党组织行为的内在准则。

我国的政党道德规范的内容主要体现在宪法和党章中，以及有关专门文件如《关于党内生活的若干准则》中。我国1982年宪法第二十七条规定：一切国家机关实行精简的原则，实行工作责任制，实行工作人员的培训和考核制度，不断提高工作质量和工作效率，反对官僚主义。一切机关和国家工作人员必须依靠人民的支持，经常保持同人民的密切联系，倾听人民的意见和建议，接受人民的监督，努力为人民服务。《中共中央关于社会主义精神文明建设指导方针的决议》提出：在我们社会的各行各业，都要大力加强职业道德建设。首先是党和国家的干部，要公正廉洁，忠诚积极，全心全意为人民服务，反对官僚主义、弄虚作假、利益职权谋取私利。

上述内容实际已成为我国政党道德的规范，具体说来，我们可以从这几方面来讨论政党道德规范的内容：

（一）政治行为的宗旨，是全心全意为人民服务

全心全意为人民服务，这是由我们党和国家的性质决定的。在中国，从来没有一个政党的宗旨像共产党的宗旨那样，能够集中反映全国各族人民的最大利益、意志和要求，能够始终站在时代前列，代表历史前进的方向。中国共产党除了最广大人民的根本利益，没有自己特殊的利益。党在长达90多年的奋斗历程中，始终坚持了自己的这一价值观，即以马列主义这一先进理论为理论指导，以马列主义和中国实际与时代特征相结合为根本途径，以中华民族的独立、解放和全面复兴为目的，以最广大的人民群众为自己服务的最高对象。

（二）政治行为的品质，是公正廉洁、忠诚积极

清正廉洁是古今中外为官的最基本的职业道德行为规范，也是一个政权能够长治久安的必不可少的条件。在我国封建社会，一直提倡为官要“一片冰心，两袖清风”。中国封建社会“盛世”的一个共同的突出特点就是官员的职业道德行为清正廉洁。资本主义国家早年实行的“政党分赃制”之所以走上了穷途末路，就是由于官员的职业道德败坏、贪污腐败行为猖獗所造成的。资本主义国家建立公务员制度，其主要目的之一，正是为了使公务员的职业道德能够保持清正廉洁。社会主义国家的党政官员在职业道德方面，更应该做到清正廉洁，否则就背离了全心全意为人民服务的根本宗旨，堕落

成为鱼肉百姓的贪官污吏。事实上，在各级国家党政机关中确有少数党政官员陷入了贪污腐败的泥沼。这些人大搞权钱交易、权色交易、权权交易，严重危害了国家和群众的利益。群众对此积怨日深，如果任其发展下去，危害无穷。正如江泽民同志所指出的："对于消极腐败现象，如果我们掉以轻心，任其泛滥，就会葬送我们的党，葬送我们的人民政权，葬送社会主义现代化大业。"因此，各级国家党政机关的公职人员，理应自觉地遵守清正廉洁的职业道德规范，同各种不法行为作斗争。每一位公职人员，都要严格按照《国家公务员暂行条例》和其他有关社会主义道德方面的纪律规定来约束自己的行为，做到公正廉洁，克己奉公。

（三）政治行为的作风，是反对官僚主义、弄虚作假和利用职权谋取私利

邓小平说："执政党的地位，使我们党面临着新的考验。……执政党的地位，很容易使我们同志沾染上官僚主义的习气。脱离实际和脱离群众的危险，对于党的组织和党员来说，不是比过去减少而是比过去增加了。""我们进了城，执了政，是做官呢，还是当人民的勤务员呢？……如果不是做官，而是当人民的勤务员，那就要以普通劳动者的面貌出现，要平等待人，要全心全意地为人民服务。但是，进了城，执了政，做官的条件是具备的，这就最容易沾染官气。事实上，我们许多同志确实已经沾染了不少官气。所以，我们每天每时都要注意执政党的特点。"[①]无产阶级政党在掌权执政后，不能拿手中权力做官当老爷，而要当人民的勤务员，全心全意为人民服务。执政党之所以面临着"沾染官气"的考验，是由于执政党的地位，还很容易在共产党员身上滋长着一种骄傲自满的情绪。因此，"我们执了政，拿了权，更要谨慎。"[②]我们党要经受住肩负重任和避免"沾染官气"的双重考验，关键在于各级党组织必须成为领导社会主义现代化事业的坚强核心，共产党员要树立正确的理想信念和人生价值观，树立实事求是的思想观点和认识方法，树立全心全意为人民服务的宗旨；要敢说真话，不说假话，不务虚名，多做实事，为人民造福；要发扬谦虚谨慎、戒骄戒躁、艰苦奋斗和批评与自我批评的优

① 《邓小平文选》，第1卷，人民出版社1994年版，第304页。
② 同上，第303页。

良传统和作风,抵制和克服各种错误思想侵蚀,以增强党的战斗力。

(四)政治行为的效果检验,是提高执政能力

在政党政治过程中,政党应当是代表阶级掌握和行使公共权力,管理国家和社会事务,政党把国家治理得怎么样,反映出一个政党的执政能力是高还是低。提高政党的执政能力主要表现在:首先,必须提高执政党领导经济建设的能力。运用社会公共权力推动国家经济发展是执政党的基本职责,领导经济建设的能力,就是执政党在制定和推行合理的经济发展政策,实现国民经济的持续、快速、健康发展方面所具备的素质和力量。经济的增长和发展是国家发展和人民生活水平提高的基础,也是执政党执政地位得到巩固的坚实基础。无论在发达国家还是发展中国家,经济发展停滞不前甚至出现负增长,往往很容易削弱执政党的公信力。其次,必须提高执政党依法治国和建设强大国家的能力。民主政治亦即法制政治,它要求执政党在法制轨道上贯彻执政党的执政理念和方针、政策,领导民主政治制度建设和政治生活,由于执政党在法制轨道上的治国理政有助于发展政治民主、维护良好的社会治安和实现政治清明,因而能够提升其公信力;而国家的强大意味着国家的主权独立、安全和良好的国际声誉,当人民感知国家能够抵御外侮并在国际社会享有崇高的威望,他们会感到自豪并愿意赋予执政党以信任和支持。再次,必须提高执政党维护社会稳定与和谐并推动社会进步的能力。任何社会都存在着矛盾,矛盾可能带来社会冲突,冲突势必造成社会动荡,威胁政治秩序,从而损害全体社会成员的根本利益,甚至导致社会倒退,其结果必然会损伤民众对执政党的信任和信心。因此,执政党的公信力必须建立在化解社会矛盾和推动社会发展的基础上,这要求执政党运用所掌握的国家机器有效解决社会矛盾以确保社会稳定,努力整合社会关系以构建社会和谐,积极领导社会建设以推动社会发展和进步。

二、政党的道德责任

从不同政党在政治生活中的实际地位和作用来看,各国和地区的政党制度可以分为对称性政党制度和非对称性政党制度两大类。所谓对称性政党制度是指一国内不同政党势均力敌,轮流执政,不同政党的作用和地位呈现出某种程度的对称性。所谓非对称性政党制度是指一国内不同政党并非

是势均力敌,也不是轮流执政,而是各安其位,相互配合和相互合作,不同政党的地位和作用呈现出非对称性状态。

(一)对称性政党制度的道德责任

对称性政党制度以西方发达国家为代表。实行对称性政党制度的西方社会是多元社会,多元首先意味着利益的多元。建立在市场经济基础上的现代性社会,其前提恰恰在于对个体利益的承认。当现代社会中的多元主体为维护自己的正当利益而组织成为各式各样的团体或组织时,政党就是公民们组织起来的一种有效方式。这意味着在现代社会背景下,作为“部分”而存在的政党最多只能代表“最大多数人的最大利益”,而不可能代表全体人民利益。而且,当阶级还存在时,当国家还具有阶级统治的工具特征时,当国家作为社会公器还只是种“虚幻的共同体”而存在时,公民维护自身的正当利益就只能在市民社会当中来寻找。这意味着代表公民利益的政党不是一个,而是多个。当某一政党在选举中获胜,掌握国家公共权力,利用手中所操控的国家机器,可以更好更方便地为其所代表的阶级、阶层和社会集团的利益服务时,它所能代表的只是一部分,即使是一大部分社会集团之利益,而不可能把所有社会群体的利益诉求都反映出来。这就为其他政党的存在——当它与国家公共权力相对时——作为反对党的存在留下了广阔的空间。其他政党则是首先作为被排斥在体制之外的、被忽视、被暂时或被永久牺牲的阶层或社会群体的利益代表者而出现的。当执政党无视这种民意呼声,对其利益漠不关心,在某种程度上就会削弱其执政的合法性,这也就为反对党成为执政党提供了可能。在现代性社会中,通过政党间的互竞,通过它们之间的角色互换,通过它们所代表的不同利益群体之间的博弈,在一个时间的维度中,社会全体成员、不同利益群体之利益诉求就会得到很好的体现,从而使政党的公共性特质得到体现。由于这种外在的获得公共权力周期性认可的压力,迫使各个政党不得不最大可能地去代表大多数人的利益,即是说为了“部分”而不得不为了“整体”。所以说在西方社会如果说政党也有道德责任的话,这种责任还是强制性的。

(二)非对称性政党制度的道德责任

非对称性政党制度以中国为典型。在实行非对称性政党制度的中国,中国共产党代表着最广大人民群众的最根本利益。江泽民指出:“人民群众的整体利益总是由各方面的具体利益构成的。我们所有的政策措施和工作,都应该正确反映并有利于妥善处理各种利益关系,都应认真考虑和兼顾不同阶层、不同方面群众的利益。但是,最重要的是必须首先考虑并满足最大多数人的利益要求。”①从江泽民同志的这一段论述中我们可以看出,我们党代表着中华民族的整体利益,是整个中华民族的先锋队,这意味着作为整体利益的代表者,至少从理论上说,中国共产党要代表全体社会成员的利益,江泽民同志在前面的论述中也清楚地说明了这一点。但是我们知道,政党始终代表着“部分”。中国共产党是中国工人阶级的先锋队,这意味着它是部分之部分。先锋队意味着它是由本阶级当中的优秀分子所组成,是本阶级中的一部分。而工人阶级本身也只是整个社会中的一部分。所以对中国共产党来说,一方面它宣称是中华民族的先锋队,代表着中华民族的整体利益;另一方面,它又是部分之部分,即是中国工人阶级的先锋队,这意味着中国共产党必须在这二者之间取得平衡,工人阶级是其阶级基础,而中华民族又是其价值取向的必然逻辑。因而,中国共产党的道德责任也在此凸显出来。

“中国共产党只有当它是站在全体人民的利益上,而不仅是站在本阶级当前部分的利益上,只有当它是组织与团结整个民族与全体人民,而不仅是组织与团结本阶级来进行奋斗时,它才能胜利。无产阶级如果不能解放全体人民,它自己也就不能得到解放。同时,只有中国工人阶级与全体劳动人民才是中华民族的主体,只有他们的利益,才构成民族利益与人民利益的基础。中国共产党在目前为实现独立、自由、民主、统一与富强的新中国而奋斗,是代表中国工人阶级的利益,也是代表全体民族与全体人民的利益。”②政党不可能在同一时期代表所有社会成员的利益,因而这种代表只能是最大多数人的利益要求,因而江泽民说:“最重要的是必须首先考虑并满足最大多数人的利益要求。”“共产党在各个阶层、各种职业、各种利益群体、各个地方、各个民族、各种社团乃至各民主党派中都有自己的成员,成为社会利益层面十分广泛因而具有得天独厚的利益表达与利益综合的核心党。”③在

① 《江泽民文选》,第3卷,人民出版社2006年版,第279页。

② 《刘少奇选集》,上卷,人民出版社1985年版,第331-332页。

③ 《江泽民文选》,第3卷,人民出版社2006年版,第95页。

中国,由于社会分化程度较低,社会利益的表达与综合并非由各利益群体自身来进行,而是由权力精英通过调查、研究与分析将他们所确认的社会利益输入到公共政策当中去。换言之,当代中国的利益表达不是各群体自主进行的,而是取决于权力中枢的重视程度,同时,对于当代中国的一般社会民众而言,他们中的大多数在一般情况下仍然将维护自身利益的重任寄希望于处于重要地位的权力精英身上,在中国,这些重要的权力精英群体就是中国共产党。因而对于中国共产党来说,必须具备非常高的道德自觉感和使命感,自觉维护和代表民众的正当利益要求,否则就会产生严重的后果。这意味着就某一特定时期而言,政党和政府不可能同时照顾到所有群体的利益,因而在政府政策实施的过程中,作为代表最广大人民群众根本利益的处于长期执政地位的共产党如何兼顾不同群体的利益,需要作为执政党的政党具有道德自觉性,这就需要作为执政党的政党能及时体察各群体的利益诉求,并进行及时整合。在中国,中国共产党长期处于领导核心地位。中国共产党代表着中华民族的整体利益,这意味着对不同社会群体之利益,至少从理论上来说,它都负有代表的道德责任和义务。

三、政党道德的作用

政党道德不论是对执政党从事管理社会各项事务来说,还是对在野党从事规范的监督活动来说,都是一种重要的精神手段,具有其特殊的作用。

一是导向功能。即通过对政党道德行为的规范,为党的干部提供行为选择的指南,提供理想的参与政治活动的角色模型,使他们知道什么是应该做的,什么是不应该做的,什么是善,什么是恶,引导他们懂得怎么做,使党的干部对将发生的行为有规可循,方向明确。

二是激励功能。政党道德要求政党的党员干部自觉从个人对社会的责任与义务出发,坚持不懈地奉献进取,全面提高素质。可以说,政党道德是激励各级党员干部及广大党员创造客观世界的精神动力和自我发展的一种必要形式。

三是调节功能。政党在管理国家、社会事务、维护秩序和处理纠纷的过程中,理所当然地要运用国家的政治法律手段实行强制调节,但也离不开政党道德调节与之相配合。另外,更重要的是还有一些政治斗争范围以外的利益冲突和矛盾,应当要通过政党道德规范来调节,它可以使道德法律内化为道德自律,从而产生主体心悦诚服的良好效果。

四是约束功能。在现实的政治过程中,有些党员干部出现行为偏离和越轨倾向,但又尚未严重到触犯法律的程度,在这种情况下,政党道德可以对偏离行为加以批评、教育、制裁,这些称之为"软约束"。

从以上对政党道德作用的分析中可以看出,政党道德对社会的意义突出表现在,一方面对社会经济生活的发展起促进或阻碍作用。当政党道德适应经济基础状况,代表先进阶级利益,它就能以其特有的道德手段论证新型经济制度的合理性与正义性,使这一经济制度得到壮大、巩固和发展,获得广泛的精神道义,从而促进社会经济的发展。反之,当政党道德已不能顺乎社会生产力发展的制度要求,政党道德就会对社会生活发展产生延缓作用。道德这一社会意识形态与其他社会意识形态之间有相互渗透、相互补充的关系。它必然作用于整个社会精神生活。常言道:"上有所好,下必甚之","上有克己之风,下有不争之俗","大臣不廉,小臣必污,小臣不廉,风俗必败"等,这些都说明政党道德对社会精神的能动作用。如我们宣传焦裕禄、孔繁森、汪洋湖、郑培明等先进人物的事迹,其目的就是用这些先进人物表现出来的党政干部的心灵,强化各级党政干部"立党为公,执政为民"的内心信念。总之,政党道德水平越高,党和政府为人民办好事实事越多,全社会的精神面貌也就越好,反之,则恶化整个社会风气,这也是强调加强执政道德建设的关键所在。

第三节 政党道德建设

一、加强政党道德修养

(一)加强政党成员的道德修养

党员是构成政党的基本要素,没有党员,无所谓政党的存在。政党党员的道德状况直接决定着整个政党的道德状况,因此,加强党员的道德修养,是提高整个政党道德的关键环节。这一点尤其体现在高举马克思主义旗帜的共产党身上。共产党是无产阶级的先锋队,党的成员由无产阶级先进分子所组成。所以,党员和党的干部应该具有比其他社会成员更高的道德水准。共产党是全心全意代表人民群众利益的,因此,在道德要求上,党的成员就应该时刻把人民的利益放在首位,关心群众利益,为解决群众的困难和疾苦而努力工作。从我们党成立那天起,就有许许多多革命先烈为了党和人民的事业出生入死、忘我工作,不惜牺牲生命。他们的高尚情操影响着周围的人,使越来越多的人加入到党组织中来,使我们党和人民群众的联系越来越密切,使我们的事业不断壮大。同时,我们也应该看到,在改革开放过程中,一些党员干部不能抵制资本主义、封建主义腐朽思想的侵袭,出现了各种违纪、腐败现象。他们把手中的权力看做是个人的特权,变成欺压群众,损害国家和集体利益,为个人、亲属和小集团谋私的工具。这些现象严重违背了党的执政道德的要求。

为什么会出现一些党员干部道德失范的问题?如何解决这个问题呢?我们应在以下三个方面认真加以思考:一是把好入党和提拔的道德关。有的人在入党之前道德品质就较差,甚至有斑斑劣迹,却能通过不正当的手段混入党内;有些道德品质差,在群众中声望低的干部通过跑官、买官等手段也获得提拔。这就是党组织在接受新成员和干部提拔时,道德关把得不严所致。二是进一步探讨党的成员的道德调控机制。中国共产党成立以来,从延安整风到"三讲"教育,从党规党法到法律规范的调控,都收到了较好的调控效果。在党内开展"三讲"教育、深入学习贯彻"三个代表"重要思想、保持"先进性"教育活动和"创先争优"活动是党的道德建设的一种好形式。我们还应适应新时期党的建设的需要,不断探讨党员干部道德调控的新形式,以解决好一些党员干部入党掌权后道德水平下降的问题。三是制定一定的道德标准,不符合标准的党员干部应予以开除。过去,我们大多只对严重违法、违纪的人甚至触犯刑律的人才考虑开除出党,而对于作风、道德方面的问题则大多采取批评教育的方法。现在看来应该制定道德标准,把不合格的党员干部开除出党,就能够纯洁党的队伍,保证党员干部的道德水平。

(二)加强政党的组织道德修养

政党是以一定的组织形式出现的。政党的组织由其组织章程、组织机构、权力结构、组织制度、活动方式等方面内容所构成。从中也必然体现出道德的内容。它包括在两个大的领域内,一是党组织代表人民利益,为人民服务;二是党组织代表先进生产力,不断促进生产的发展和生产力的进步。党组织不论是中央组织还是地方组织,真正在这些方面做好了,抓出成效,才是具有“大德”。新中国成立以来,特别是改革开放以来,我们在经济发展、满足人民生活需要等方面取得了巨大的成就,证明我们党在行“德政”。也只有这样,我们的政权才不仅不会丧失,才会有无限的生命力。但是,在党组织的组织行为上,也不同程度地出现了一些违反组织道德要求的现象。在党的组织道德上应有以下一些要求:一是党组织应能领导并促进本地经济的发展。经济发展得好,成绩显著,能反映出该地方的党组织在贯彻中央路线、方针上,在深入实际扎实工作上都有良好表现,符合这方面组织道德的要求。反之,如果地方经济长期没有起色,群众不能脱贫致富,就反映出该地方党组织思想素质、工作作风、吃苦精神等方面还存在差距,也就是这方面的组织道德不合格。二是党组织应艰苦奋斗而不追求奢华。有的党组织每年公款吃喝、公费旅游开支较大;办公场所讲究气派豪华,给国家财产造成严重浪费。这种现象显然不符合组织道德的要求。三是党组织应爱护群众而不是欺压群众。近年来,极少数地方党组织不关心群众疾苦甚至向群众乱摊派、乱收费。有的党组织对于敢于给自己提意见的群众进行打击报复。这些现象也不符合党的组织道德的要求。四是党组织应树立正气而不能纵容歪风邪气。树立正气是对党组织的基本要求。但是也有些党组织内部风气不正,不按正常的工作程序作决定,拉帮结伙,任人唯亲,甚至在党组织的办公场所请神、看风水,这些也违背了党的组织道德。

(三)加强政党的决策道德修养

这里包含了政党制定路线、方针和政策的内容,也包含了对重大问题决议和制定发展战略的内容。执政的政党在执政的决策道德上,应有以下一些要求:一是认真探讨经济和社会发展规律,制定符合社会发展规律的路线和战略。这方面,我们是有教训的,如在党的八大之后,没有及时进行工作重点转移,错误地提出“以阶级斗争为纲”等口号。党的十一届三中全会后把工作重点从政治方面转移到经济方面,进行了改革开放,从而使党的工作回到正确的路线上来。“三步走”战略的提出和取得的成就,说明它是符合社会发展规律的,也是符合党的决策道德要求的。二是正确认识和处理阶级、阶层和民族之间的关系,努力形成社会安定、人民团结、社会进步的大好局面。从新中国成立到20世纪70年代末,我们在制定和执行有关路线、政策上也有一些失误,出现了如工农业产品“剪刀差”问题、知识分子政策问题、一些少数民族地区发展缓慢的问题等。改革开放以来,这些问题得到了一定的解决,也体现了我们党在这些方面的决策道德水平的提高。

二、强化政党纪律

政党纪律简称党纪,是政党为实现其党纲和各种决策而制定的约束党组织和党员的行为准则和规范,是政党维护行动统一、提高党员质量、实现政纲、政策并保持社会信誉的重要条件之一。

(一)资产阶级政党纪律与无产阶级政党纪律之比较

资产阶级政党一般党纪较为松弛。在实行议会民主制的资本主义国家的资产阶级政党,主要要求在议员或总统选举中支持本党候选人,但是党员个人有秘密自由投票权;如果不投本党候选人的票也无法执行投票纪律。例如,1932年美国共和党国会参议员埃·诺勒斯、泽·拉·福莱特等不支持赫·胡佛,反而支持民主党的富·罗斯福,1936年和1940年他们分别继续支持罗斯福,均未受到党纪处分。同时,资产阶级政党党内有言论自由,在重大问题上持有不同政见,可能遭到非议和抨击,但是很少执行纪律。例如英国保守党的阿·张伯伦于1939年9月担任首相期间同希特勒德国签订慕尼黑协定,纵容德国向东欧扩张。在党内处于孤立地位的温·丘吉尔曾经猛烈抨击张伯伦的绥靖政策是“欧洲最大的灾祸”,这不但未受到党纪制裁,反而促使他于翌年取代张伯伦出任首相。当然,资产阶级政党在通常情况下还是有它的党纪的,如美国民主党和共和党,要求其有组织的党员在选举时必须保证本党获得若干选票的支持,如果这些人叛变则称之为“变节分子”或“倒戈分子”,要受党纪制裁,如不许参加党的初选会,取消候选人资格等。不过美国两大政党的全国委员会无权对党员执行纪律,党纪通常由操纵政党机器的党魁来执行。英国两大政党的党纪较美国更严。英国保守党由总部负责党纪处理问题,总部也多是秉承党魁旨意办事。英国工党则是由党的最高常设机构全国执行委员会处理违纪案件,它有权决定开除个人党员或集体党员的党籍。在实行议会民主和责任内阁制的国家,政党活动的重要舞台,除议员、总统竞选之外就是议会。尤其是在议会党团中有关信任问题的投票，这将决定内阁的进退与议会是否提前解散。因为涉及有关政党的议员与阁员的切身利益，所以在议会的投票必须在各党督导员（或称党鞭）监督之下进行，各党议员不得自由投票。在英国议会投票前，两党的督导员要保证本党有足够的议员到会，投票时督导员站在表明“赞成”或“反对”的通道口，议员分别穿过不同通道，以表示“赞成”或“反对”，按此方式方法对党员的投票进行监督。只有无关信任的问题，才不同程度地允许议员党员自由投票。法西斯主义的资产阶级政党，为贯彻其绝对服从领袖、绝对实行法西斯主义暴力独裁统治的原则，对党员要求绝对遵守纪律，违纪要受到开除、革职、监禁甚至杀身等严惩。

无产阶级的马克思主义政党，肩负着实现无产阶级和全人类解放的伟大而崇高的历史使命。往往长期处于在野党甚至非法党的地位。因此要求党员不断提高阶级觉悟和思想认识，自觉遵守党的纪律。早在1847年世界上第一个共产主义政党共产主义者同盟建立之初，盟章就把“服从同盟的一切决议”、“保守同盟的一切秘密”等作为盟员的条件；同时规定：凡不遵守盟员条件者，视情节轻重或暂时离盟或开除出盟；凡被开除出盟者不得重新入盟，凡被暂令离盟者重新入盟须经中央委员会根据区部的提议处理。为防止各级组织滥用权力，盟章规定：开除盟籍的问题只能由代表大会决定。后来俄国社会民主工党（苏联共产党）继承了马克思主义政党重视党纪的传统。列宁于1904年提出并论证了党内纪律主要是下级机关服从上级机关，部分服从整体，少数服从多数。从1917年起在党章中明文规定党纪处分问题。1917年7月党的六大通过的党章规定，开除党员党籍问题，由该党员所属的地方组织全体大会决定，不服时可向上级党机关直至党代表大会提出申诉。十月革命胜利，党成为执政党后，对党纪要求更严格、更明确、更具体。1919年党章规定，党中央机关的决议必须迅速而准确地执行，但是在决议未通过之前，党内可以充分自由地讨论一切问题。对违反党纪的组织的处分分为：警告，上级指定临时委员会，解散原组织、进行重新登记；对党员个人的处分分为：党内警告，当众警告，暂时撤销党政负责工作，暂时撤销党政一切工作，开除党籍，并将其过错通知行政和司法当局。1934年的党章新增加联共（布）应定期有系统地把阶级异己分子、敌对分子、两面派分子等清洗出党的规定。1939年的党章还增加联共（布）中央委员会有权将中央委员开除党籍的规定。但这些规定曾经为党组织从30年代中后期起滥用权力、任意处分党员、制造党内冤假错案提供方便。借鉴国际共运和联共（布）的经验，中国共产党1922年制定的第一个党章即规定党的各项纪律，如少数绝对服从多数，党员必须绝对服从党代表大会和中央执行委员会的决议，下级机关必须完全执行上级机关的命令等；凡党员犯有违背党的决议、泄漏党的秘密等错误，必须开除党籍。1927年修改党章时增加对组织的纪律处分，分为警告、改组或举行总的重新登记；对个人的纪律处分，分为警告、党内公开警告、临时取消党政工作、留党察看和开除党籍。后来修改的党章，对纪律处分又作些修改。1982年党的十二大通过的新党章规定党的纪律处分有五种：警告、严重警告、撤销党内外职务、留党察看、开除党籍。为避免滥用权力、任意处分党员、制造冤假错案的错误，新党章还规定：党组织对党员作出处分决定应当实事求是地查清事实；所要作出的处分决定和所依据的事实材料必须同本人见面，听取他说明情况和申辩；决定后如果本人不服，可以提出申诉，有关党组织必须负责处理或者迅速转递，不得扣压；党内严格禁止用违反党章国法的手段对付党员，严格禁止打击报复和诬告陷害。

（二）现阶段如何加强和维护中国共产党的纪律

早在抗日战争时期，针对张国焘的分裂行为，毛泽东就提出："必须对党员进行有关党的纪律的教育，既使一般党员能遵守纪律，又使一般党员能监督党的领袖人物也一起遵守纪律。"①毛泽东把遵守纪律作为民族战争中共产党员的标准之一，认为："共产党员在八路军和新四军中，应该成为英勇作战的模范，执行命令的模范，遵守纪律的模范，政治工作的模范和内部团结统一的模范"②，通过共产党员遵守纪律的示范力量在部队中强化纪律教育。新中国成立后，毛泽东仍然强调党的纪律、军队的纪律，为党成为坚强的领导核心夯实了基础。改革开放初期，邓小平强调"为了坚持和改善党的领导，必须加强党的纪律。"③我们党已经从一个领导人民为夺取全国政权而奋斗的党，成为一个领导人民掌握着全国政权并长期执政的党；已经从一个在受到外部封锁状态下领导国家建设的党，成为在全面改革开放条件下领导国家建设的党。党执政的时间越长，越要抓紧自身建设，越要从严要求党员

---

① 《毛泽东选集》，第2卷，人民出版社1991年版，第528页。

② 同上，第522页。

③ 《邓小平文选》，第2卷，人民出版社1994年版，第271页。

和干部，越要加强党的纪律。各级党组织对党员干部要严格要求、严格教育、严格管理、严格监督；各级党员领导干部要自重、自省、自警、自励。

现阶段维护和加强党的纪律，重点是坚持和完善党的民主集中制。民主集中制是马克思主义政党的根本的组织制度和组织原则。列宁在建设俄国布尔什维克党的过程中，第一次明确地提出了民主集中制的概念，以后又被推广于共产国际各国党的建设中。中国共产党一开始就是按照民主集中制原则建立起来的。在长期的实践中，我党对民主集中制的认识和运用也在不断深化，把它规定为党和国家的根本组织制度，社会主义制度的一个不可分的组成部分，社会主义制度优越性的一个重要方面。我们党成长壮大的历史证明，要坚持好民主集中制，必须不断健全民主集中制。

第一，不懈地进行民主集中制的建设，使民主集中制逐步成为具有法纪保障，权力制约的制度。党的十一届五中全会制定了《党内政治生活的若干准则》，规范党员及党员干部的民主权利及政治、组织行为，明确提出废除干部领导职务的终身制。党的十二大通过的新党章从六个方面对民主集中制原则作了规定。从十二大开始，恢复和建立了党中央的集体领导和定期报告工作制度，中央集体领导制规定"重大问题一定要由集体讨论，决定时严格实行少数服从多数的原则"。同时，党章规定了定期召开党的代表大会的制度，使党的最高领导机关和监督机关的作用固定化。从十三大开始，党内的选举制度进行了较大改革，严格实行一人一票表决制，规定了党内选举人提名程序和差额选举办法。为了切实保障党员的民主权利，畅通党内民主渠道，健全党内民主生活，党的十三届四中全会以后发布了《关于县以上党和国家机关党员领导干部民主生活会若干规定的通知》《中国共产党党员权利保障条例(试行)》。在党内民主生活制度化方面，迈开了重要的步伐。决策是民主集中制的重要环节，为了保证决策的民主化和科学化，除了建立集体领导、共同负责、民主表决、少数服从多数、机会均等、公平竞争等一系列具体的决策程序与制度外，1993 年八届人大通过的宪法修正案，正式以根本大法的形式，肯定了共产党领导的多党合作和政治协商制是我国的基本政治制度。宪法明确规定，八个民主党派是参政党，党和国家的重大决策都要加强同民主党派协商议事。1999 年 9 月，党的十五届四中全会通过的《关于国有企业改革和若干重大问题的决定》，首次提出要建立企业经营决策失误追究制度。这对各行各业的管理决策都有普遍的指导意义。就重要干部的任免来说,改革开放以来,我们在坚持党管干部基本原则的前提下,加大了干部人事制度改革的力度,扩大了选人用人的民主性和公开性,正在逐步建立能上能下,能进能出,有效激励,严格监督,竞争择优,充满活力的选人用人机制,保证党和国家的各级领导者在人民信赖的马克思主义者手中。

第二,注重党性修养教育,切实培养坚持民主集中制的自觉性。根据邓小平理论和江泽民"三个代表"重要思想,我们逐步探索了一条加强思想建设,提高广大党员干部党性修养,发扬党的优良传统与作风的路子。从1983年10月起,我们党用三年时间进行了以统一思想,整顿作风,加强纪律,纯洁组织为内容的整党工作。在纯洁党的队伍方面取得了积极成效。1998年12月以来,我们党在县级以上领导干部中开展了以整风的精神,以党性分析,自查自纠和民主评议相结合的"三讲"教育活动。"三讲"教育活动是加强党的组织建设的新创造。通过开展严肃认真的"三讲"活动,各级党委和领导班子成员坚持民主集中制的情况,受到了一次全面而深入的检查,对坚持民主集中制的认识进一步提高,民主集中制也得到了进一步的健全和完善。深入开展创先争优活动,是新形势下加强党的先进性建设的又一有效载体。创先争优,集中体现了当代中国共产党人的本质特征和执著追求,其核心内容是不断增强党性、保持先进性。广大领导干部普遍受到了一次深刻的马克思主义的思想教育。

改革开放以来,我们党十分注重干部教育的正规化。目前已经形成了干部自学,党委中心组学习,讲师团辅导,干校集中培训,训用结合,检查评估相结合的干部教育体系。1998年6月,中共中央发布通知,提出要高举邓小平理论的伟大旗帜,必须把全党的理论学习提高到新的水平。1999年11月,中共中央提出《关于加强和改进思想政治工作的若干意见》,对党如何保持清醒的头脑,提高政治警觉,弘扬社会正气,振奋民族精神,维护社会的安定团结,有重要的指导作用。

第三,严肃党纪,加大了对民主集中制执行情况的检查监督力度。纪律是民主集中制的题中应有之意,是贯彻民主集中制的内在要求和必要保障。改革开放以来,鉴于我们面对的复杂形势,鉴于对执政党驾驭全局能力和应变能力的更高要求,邓小平和江泽民反复强调严格执行党的纪律的重要性和迫切性,采取了一系列重大的措施。党的十一届三中全会,决定建立中央纪律检查委员会,通过纪律检查委员会的作用,健全党规,严肃党纪。改革开放以来，中纪委、监察部以及各职能监督机关共制定党纪党规、政纪政规达300多项，使党员干部和国家工作人员做到有纪可依、有章可循。1987年7月，中纪委作出了《关于对党员干部加强党内纪律监督的若干规定》，明确规定了加强党纪监督的具体措施和办法。为了加强对执政党各方面管理工作的监督，1994年9月中纪委四次全会专门研究了纪律检查机构在维护民主集中制方面的作用，全会提出严肃党的纪律，必须把维护政治纪律放在首位，对于反对党的基本路线，传播政治谣言的行为；对有令不行，有禁不止，搞地方和部门保护主义，损害中央领导权威的行为；对于违反民主集中制原则，个人或少数人决断重大问题造成严重后果的行为；对阳奉阴违，弄虚作假的行为，要加大检查和监督的力度。1998年党的十五大专门作出了完善民主监督制度的部署。党的十五大以后，民主监督制度不断健全和完善，为维护党纪政纪，保证中央的政令畅通，提高执政党抵御各种风险的能力，严厉惩治腐败，充分发扬民主，起到了积极的作用。

第四，不断改进坚持民主集中制的方法，提高这一制度的科学性和有效性。坚持民主集中制，除了必须遵守其基本原则、基本程序和规程之外，还要善于在实践中根据具体情况，摸索实践民主集中制的手段、方法和实现形式。改革开放以来，不少部门单位都在创造符合自己实际的坚持民主集中制的具体方式、方法。例如在高校坚持党委领导下的校长负责制；在中小学坚持校长负责制；在国有大中型企业坚持厂长经理负责制；在组织人事部门坚持党管干部的原则；在人民军队把实行首长负责制与坚持党指挥枪的原则有机地结合起来等方面，都有大量的新鲜创造。同时，我们还摸索了对不同问题，采取不同的民主和集中的方法，例如对“863”计划的制定，“十五”计划的起草，婚姻法的讨论等。1999年1月，江泽民总结概括了坚持民主集中制的十六字基本方法，这就是“集体领导，民主集中，个别酝酿，会议决定”。这一基本方法是江泽民对民主集中制实施过程的科学总结。江泽民在这十六字中把“集体领导”作为坚持这一制度的基本原则，把“民主集中”作为坚持这一制度的基本过程，把“个别酝酿”作为发扬民主的必要前提，把“会议决定”作为民主集中制最重要的环节——决策的基本形式。江泽民的这一概括，对在实际工作中有效地坚持民主集中制有重要的指导意义。

三、提升政党的理论水平

(一)政党的理论水平概说

一个政党要实现自己的历史使命,必须有自己的理论和纲领。理论和纲领是一面公开的旗帜,人们主要以此来判断一个政党的性质和水平。

现代意义的政党,是人类进入资本主义社会以后产生的。它首先产生于资产阶级内部,由资本主义私有制所决定,在资产阶级内部形成了不同的既得利益集团。这些既得利益集团利用资本主义民主政治提供的竞争环境,争取有利的发展空间,纷纷组织政党。于是,资产阶级的政党制度开始形成。各个政党在实现其政治主张的活动中,都确立了自己的理论、纲领、政策和主张。由于资产阶级政党活动的目的主要是争得国家统治权,所以他们的理论和纲领既体现了维护资本主义制度的阶级性,又充满拉拢选民的虚假性和欺骗性。马克思主义者可以通过他们理论、纲领所表达的经济、政治主张,来透视资产阶级政党的阶级本质。

工人阶级是作为资产阶级的对立面,在社会化大生产条件下产生的。资本主义制度的基本矛盾必然导致资本主义的经济危机,使社会生产力遭到严重破坏,给工人阶级和劳动人民带来深重的灾难。于是,工人阶级萌发了摆脱现存制度,建立更加合理、公正的社会制度的朦胧的革命意识。工人阶级对资产阶级的反抗,最初是以捣毁机器、殴打厂主、消极怠工等原始方式进行的,后来发展到有组织的罢工、示威和武装起义。工人运动的产生和发展,标志着它作为一种独立的政治力量开始登上历史舞台。可是,工人朦胧的革命意识、自发的工人运动,并不能引导工人阶级用根本变革的方式去摆脱压迫和剥削,最多只能暂时改善经济状况和工作环境。自发的工人运动必然是盲动的,缺乏严密组织的,难以持久的。世界工人运动的历史证明,工人阶级政治理想的实现,除了要有物质的经济条件和阶级基础之外,还必须有思想基础和理论指导。马克思主义的产生,为工人运动提供了理论的基础和指导。马克思主义同工人运动相结合,产生了世界上第一个工人阶级政党——共产主义者同盟。1869 年 8 月,世界上第一个民族国家范围内的工人阶级政党,即德国社会民主工党正式创立。随着工人运动的高涨和社会主义理论的传播,欧洲各国普遍建立了工人阶级政党或团体,到 20

世纪20年代,欧洲、美洲和亚洲已有近30个国家先后建立了工人阶级政党。

工人阶级政党是一个具有特殊的阶级要求,担负一定的政治任务,实现一定政治目标的政治集团。它必须有自己的理论和纲领,并通过理论和纲领的宣传和实施,来巩固和扩大党的阶级基础和群众基础,完成政治任务,实现政治目标。正如马克思所指出的:制定一个原则性纲领,“这就是在全世界面前树立起可供人们用来衡量党的运动水平的里程碑。”①在争取自身解放和发展的过程中,工人阶级政党相对于其他政党来说,更需要先进理论和纲领的指导。因为工人阶级在夺取政权之前,是处于被统治状态的被压迫阶级,在不掌握宣传舆论工具的情况下,要唤醒人民,必须有科学的理论和代表人民根本利益并可能实现的纲领;因为工人阶级历史使命的完成,是一个漫长的过程,在这个过程中,必须处理好眼前利益和长远利益的关系,现实目标和远大理想的关系,客观条件和主观条件的关系,战略布局和策略手段的关系;因为社会主义革命和建设是人类历史上前无古人的事业,很多问题没有现成的答案,许多未知的领域需要不畏艰难地探索。要使社会主义革命和建设比较顺利地开展,必须高度重视先进理论和纲领的创立。正如恩格斯所说:“只有清晰的理论分析才能在错综复杂的事实中指明正确的道路。”②各国工人阶级政党在建立和发展的过程中,由于种种复杂的主观原因和客观原因,一些国家工人阶级政党的理论和纲领并没有准确、充分地体现工人阶级先锋队性质,有的工人阶级政党在后来修正原来正确的理论和纲领而发生了蜕变,这些政党,有的虽然还号称工人阶级政党,但并没有代表社会发展的正确方向,并没有代表工人阶级和最广大人民的根本利益。所以,我们不能简单地以一个政党工人成分数量的多寡,来判断其是否具有工人阶级先锋队性质,是否具有先进性,而应当看它的理论和纲领是否符合工人阶级的品格、特性和阶级要求。正如刘少奇所指出的:“我们党员的社会出身不能决定我们党的性质,亦如欧洲国家工党中党员的社会出身不能决定工党的性质一样,在那些工党内的党员,虽然大多数是工人出身,然而它们并不是代表工人阶级的政党,它们不能执行工人阶级在这些国家创造的任务。”③

---

① 《马克思恩格斯选集》,第3卷,人民出版社1986年版,第296页。

② 《马克思恩格斯全集》,第37卷,人民出版社1979年版,第283页。

③ 《刘少奇选集》上卷,人民出版社1992年版,第325页。

正因为各阶级政党的理论和纲领是本阶级利益和要求的集中体现，是一个政党的阶级使命、政治任务、战略策略、政治理想的系统阐述，所以马克思主义经典作家十分注重通过工人阶级政党的理论和纲领，来判断一个党的性质和先进性程度。他们根据这种判断，在工人阶级政党建立前，注意澄清理论是非，正本清源；在工人运动广泛开展以后，揭露那些打着工人阶级政党招牌，实质代表资产阶级利益的政党的真面目；批判歪曲马克思主义的机会主义；坚持不懈地宣传马克思主义，努力使工人运动沿着正确的轨道前进。

（二）现阶段如何提高中国共产党的理论水平

中国共产党是在特殊的历史条件下建立的，中国共产党一成立，就具有坚持马克思主义的坚定性。然而，马克思主义只是指明了社会发展的方向，指出了解决社会问题的一般原则和方法，并没有也不可能直接提供解决这些问题的具体答案。这就决定了在中国这样一个幅员辽阔，人口众多，自然条件差异很大，经济政治发展极不平衡的大国，必须坚持理论联系实际的思想原则。但是，由于受到认识水平和复杂情况的限制，要将马克思主义与中国革命和建设的实际很好地结合起来，还要经过一个艰难曲折的探索过程。在这个过程中，随着党内越来越多的人马克思主义理论水平的提高，随着对不断变化的时代特征和中国国情的深入了解，我们党坚持把马克思列宁主义基本原理同中国具体实际相结合，坚持科学理论的指导，坚定不移地走自己的路，产生了毛泽东思想、邓小平理论两大理论成果。

毛泽东思想是被实践证明了的关于中国革命和建设正确的理论原则和经验的科学总结。在毛泽东思想的指引下，我们党制定了既区别于资本主义，又区别于社会主义的新民主主义政治、经济、文化的纲领和路线，把包括工人、农民、小资产阶级和民族资产阶级在内的广大人民大众都团结到自己的周围，推翻了帝国主义、封建主义和官僚资本主义的反动统治，建立了中华人民共和国；根据国民经济恢复和生产力发展的要求，以及人民内部矛盾的状况，及时提出了党在过渡时期的总路线和总任务，调动广大人民群众的积极性，在生产力不断发展的前提下，完成了对农业、手工业和资本主义工商业的社会主义改造。之后，我们党又领导人民坚定不移地走社会主义道路，对在经济文化比较落后的大国里如何进行社会主义建设，进行了艰辛的探索。

邓小平理论是对毛泽东思想的继承和发展,是马克思主义在中国发展的新阶段。它第一次比较系统地初步回答了在经济文化比较落后的国家里怎样建设社会主义的重大理论问题,成为新时期中国共产党的指导思想和中华民族的精神支柱。在邓小平理论的指导下,我们党制定了在社会主义初级阶段的基本路线和基本纲领。改革开放20多年来,我国的综合国力不断增强,人民生活水平不断提高,精神文明建设不断加强,国际地位不断上升,中国共产党已经成为具有广泛社会影响力的大党。正因为我们党在把马克思主义基本原理同中国具体实际相结合的过程中形成了正确的理论和纲领,集中体现了中国工人阶级和最广大人民的根本利益,代表了中国社会发展的正确方向,我们党才始终保持了它的先进性和工人阶级先锋队性质。

回顾中国共产党理论创新的过程,我们发现,现阶段要提高党的理论水平,必须做到以下两个方面:

第一,全党要善于学习,建设学习型政党组织。

党的十一届三中全会前后,鉴于"文化大革命"搞乱了人们的思想,新时期的改革开放迫切需要用符合实际的先进理论来指导和武装全党,以及大量的知识分子加入到党组织,并担任各级领导干部的实际情况,邓小平同志提出"全党同志一定要善于重新学习"的重要思想。在他主持和倡导下,开展了真理标准问题的大讨论,恢复和重新确立了解放思想、实事求是的马克思主义思想路线。1981年党的十一届六中全会通过的《关于建国以来党的若干历史问题的决议》,充分论述了毛泽东思想作为党的指导思想的伟大意义,坚持了毛泽东思想这个旗帜。我们党进行坚持四项基本原则的教育,抵制各种剥削阶级腐朽思想的侵蚀,用坚定的信念把人民团结起来。党在思想建设方面的努力,使绝大多数党员和干部经受住了执政和改革开放的考验,成为领导社会主义现代化建设的核心力量。

党的十七届四中全会明确提出,要把建设马克思主义学习型政党作为重大而紧迫的战略任务抓紧抓好。这是我们党从全面推进中国特色社会主义伟大事业和党的建设新的伟大工程的全局出发,提出的一项重大战略任务。建设学习型党组织,是党始终走在时代前列、引领中国发展进步的重要基础。当今世界正处在大发展、大变革、大调整时期,世界多极化、经济全球化深入发展,各种政治力量纵横捭阖,围绕国际秩序、综合国力、地缘政治、国际市场、科学技术的全方位竞争更趋激烈，世界范围内各种思想文化交流交融交锋更加频繁。在这种情况下，无论是一个国家、一个民族还是一个政党，如果不加强学习、不提高学习能力，势必落后于时代。在我们这个十几亿人口的发展中大国，党在推进改革开放和社会主义现代化建设中肩负任务的艰巨性、复杂性、繁重性世所罕见，前进道路上新情况、新问题、新矛盾不断涌现。全党如果不善于学习，对这些新情况、新问题、新矛盾就不熟悉、不了解、不懂得。

第二，高度重视马克思主义的世界观和方法论与中国实际相结合，不断推动马克思主义中国化进程。

"马克思主义中国化"这一科学命题，是毛泽东同志最早提出来的。早在1938年10月党的六届六中全会上，毛泽东同志就明确指出："成为伟大中华民族的一部分而和这个民族血肉相连的共产党员，离开中国特点来谈马克思主义，只是抽象的空洞的马克思主义。因此，使马克思主义在中国具体化，使之在其每一表现中带着必须有的中国的特性，即是说，按照中国的特点去应用它，成为全党亟待了解并亟须解决的问题。"马克思主义中国化，就是把马克思主义基本原理同中国具体实际相结合，运用马克思主义的立场、观点、方法研究和解决中国革命、建设、改革不同历史时期的实际问题，总结中国的特有经验，揭示中国革命、建设、改革的内在规律，以中国的文化形式和表达方式来阐述马克思主义理论，使之成为具有中国风格、中国气派和中华民族特点的马克思主义。

我们党在马克思主义世界观和方法论指导下，在长期的革命、建设和改革实践中，不断将马克思列宁主义与中国实际相结合，逐渐形成了解放思想、实事求是、与时俱进的辩证唯物主义和历史唯物主义的思想路线。正是有了思想路线的不断丰富和发展，马克思主义中国化理论创新才有了动力和源泉，逐步形成了毛泽东思想、邓小平理论、"三个代表"重要思想以及科学发展观等理论成果。

新世纪新阶段，中国特色社会主义事业进入了一个全新的历史方位，面对新的世情、国情、党情，面对新的机遇、挑战、压力，必须进一步推进马克思主义中国化，作出符合中国实际需要的理论创新，为改革开放指明政治方向，为发展进步提供理论动力，不断把原形态的马克思主义转化为中国化的马克思主义。

第六章 国际政治伦理

20 世纪是人类历史上国际政治变迁最剧烈的时代,它以其历史演进的强大逻辑力催生并推动了人文精神的启蒙和进化。自古至今,道德与伦理从来都是国际政治中的重要元素,一直以各种方式对国际社会产生影响。在国际关系思想史上,关于正义的伦理思考始终是一个经久不衰的主题,尤其是 20 世纪末期,随着世界政治环境的变化,关于这一问题的探讨成为当代国际关系研究的一项重要内容。国际政治伦理正是这一背景下人类文化思索的杰出硕果。在一定意义上讲,国际政治伦理对国际和平的伦理向度、思考方式、思维理念以及对人类正义、博爱、道德的真诚向往是十分值得肯定的。因此,对国际政治伦理进行学理测度和考量,探讨实现国际和谐与进步的有效方法,是值得鼓励和提倡的行为。

第一节 国际政治伦理的特征及作用

国际政治伦理作为规范国际行为体进行国际交往的伦理规则,有其特定的含义和特征,在国际社会起着十分重要的作用。

一、国际政治伦理的定义及特征

(一)国际政治伦理的定义

国际政治伦理是指国家之间进行国际交往所应遵守的伦理规则。历史上许多学者都曾对其作过解读。

从历史上看,现实主义者对道德进步和人类能力的认识是悲观的,他们更多看到的是人类本性中的恶以及人类经验中周而复始的悲剧,因此他们大多强调国际政治的非道德性,否认或者贬低道德因素的作用。现实主义者把历史看做是循环的而不是进步的,他们对于人类是否有能力克服反复出现的冲突、建立持久的合作与和平深表怀疑。汉斯·摩根索认为,不管国际政治的最终目的是什么,权力总是其直接目的。尽管摩根索认为国际道德、世界舆论和国际法对权力有一定的限制,但保持国际体系稳定的基本因素还是权力均衡,无论是过去存在的大规模暴力威胁,还是可能出现这样的威胁,都可以通过追求均衡的战略加以制约,国家之间只要达到了一种权力均衡,就实现了国际关系中的正义。对于现实主义而言,任何理性的政治家所应当追求的都必须是国家自我保全和权力的不断扩充,而不是正义或永久和平,国家的自我利益优先于任何道德原则,权力优先于正义,国家之间的竞争就是国际关系中的正义状态。

自由主义传统为理想主义学派确立了基本框架,这个学派对国际正义的思考更具道德色彩。他们大多强调道德的作用,强调国际伦理对行为体的约束力,注重道德对行为体的规范作用。他们认为,道德是国际社会运行的重要调节机制,利他、热爱和平、尊重、平等是人性中的重要组成部分,战争和冲突只是由于人的知识缺失和制度疏漏才得以发生,因而他们认为通过提高知识和道德修养并且完善制度就可以实现人类和平。他们虽然同意现实主义关于国际社会是无政府状态的假设,但这种无政府状态并不是现实主义者主张的霍布斯所言的人人交战的状态,而更接近于洛克的自然状态。理想主义相信,集体安全制度可以保证各个成员的安全,自由贸易可以实现国际社会的价值和资源公平分配,即通过制度和法律道德建设可以实现人类正义与永久和平。

斯坦利·霍夫曼认为国际政治伦理是用道德伦理的手段来实现国际社会必善的一种政治艺术。他认为,复杂艰难的国际环境决定了国家首先奉行“生存原则”,其次才奉行“道义原则”。在民族国家时代,“国家生存”原则是民族国家的最基本原则,“国家扩张”策略是民族国家最易导致的发展策略,为此,国家间的领土与主权的保卫与争夺是民族国家间关系的最主要内容。霍夫曼指出,由于各国的社会制度与意识形态不同,国际社会根本就不存在共同的单一的国际道德准则,也不存在与此相关的有效替代物,相反“民族利己主义”倒是到处可见。政治家和领导人的责任是维护国家的总体利益,为此,行为手段可以是不道义的,撒谎、欺骗、诡计、离间等手段都可视为国家利益所必需。另外,由于国际政治发展的不稳定性与不确定性,政治家总是很难对形势作出准确的估计,因而难以完善其"责任伦理"。

美国著名的基督教哲学家尼布尔认为,国家、民族、阶级、团体等的社会群体表现出利己的倾向,群体利益与群体权力表现出"群体自私",国家和民族也不例外,它们只不过是一种较大范围的利己主义。一方面,尼布尔认为用个体道德去规范群体行为,或反过来仅用群体道德去要求个体,都可能造成道德的沦丧,无助于解决社会问题和消除社会不公正;另一方面,尼布尔认为在国际社会中存在着道德的人与不道德的社会之间的内在矛盾,他还大胆地认为爱国主义也是自私的一种形式,因为爱国主义将个人的无私转化成了民族和利己主义,以牺牲个体的无私道德来换取民族利己的不道德,是爱国主义所难以克服的道德悖论。

因此我们说,国际政治伦理道德关注的是国际社会的"善",它主要研究国际政治中的伦理规范及其运用,即把人类普遍遵循的价值标准,如义务、权利、信仰、习惯、态度、法规、民族性格等,运用于国际政治中,它包括国际关系准则、国际人权原则、国家利益、外交政策行为等道德标准以及武力的道德限制,核伦理、平等公正的世界秩序等。

(二)国际政治伦理的特征

国际政治活动是国际社会最基本的一项政治实践活动,其德行要求与历史表现有其自身的特点。

1.国际政治伦理以建立和维护公正合理、平等互利的国际新秩序为出发点

自从国家出现以后,整个世界就被划分成以国家单位的各个利益共同体。古往今来,各国为了各自的利益上演了无数场战争与和平的戏剧。特别是资本主义生产方式诞生以来,世界各国都不可避免地卷入到国际政治生活中来,国与国的交往从此变得更为紧密。冷战结束以来,世界形势总体趋向缓和,各国人民要和平、求稳定、谋发展呼声日益高涨,但天下仍不太平,一些国家奉行新的"炮舰政策"和新的经济殖民主义,使许多中小国家主权独立和发展利益遭到严重损害,使世界和平与国际安全受到威胁。一些国家甚至以国际道义为旗帜,标榜其行为的合理性、正义性、神圣性和使命性,以此推行国家涉外公共政策,也成为众多国家的主要外交手段。西方唯我独尊的强势文化和理念正在不可避免地蔓延至全世界。例如,民主和平论主张和平应当来自民主制度所具有的特定性质,在世界范围稳步地扩展民主将会带来更多的繁荣与和平,民主国家之间需要互相合作共同促进民主和国际和平。制度稳定论提倡的国际制度是以西方国家民主制度为蓝本,也无法走出西方式强权法则和等级制阴影。从战后国际关系历史的演变看,不管是现实主义还是理想主义,都有可能成为霸权主义和强权政治的理论外衣。

因此,为了避免这种现象的出现,应当在人类社会中建立起国家交往的合理秩序,为国家与国家队交往设立道德的准则。国际政治伦理也应然出现,体现了当代国际关系发展的内在要求,为国际社会中的各个行为主体进行国际交往提供一个基本准则,从而也为公平合理、平等互利的国际政治经济新秩序提供了保障。

2. 国际政治伦理以国家为主体的国际行为体的人格化特性为理论前提

伦理学所面对的是人的问题,国际政治是研究国际社会中各主权国家、国际组织以及各种政治力量相互之间的关系及其矛盾运动过程的综合。国际政治伦理不可避免地从人的角度去研究以国家为主体的国际行为体的活动,这就将国家为主体的国际行为体人格化了。在国际领域,为了解释和理解国家行为,国家常常被比作“人”。许多国际关系理论都是通过将国家比拟为人从而得以建立的,国家人格化已经成为构建国际关系理论的一种惯用工具。比如汉斯·摩根索的现实主义理论将人性作为“国际关系的第一推动”,在他建立的政治现实主义的六项原则中,第一项便明确指出:政治受到根植于人性的客观法则的支配;新自由制度主义学者罗伯特·基欧汉在《霸权之后》一书中同样将国家假定为理性的自私的行为体。

因此,国际社会中各主权国家、国际组织以及各种政治力量在处理相互之间的关系及矛盾运动过程中,往往被当做具有“人”的特征来对待。这一人格化的理念和实践也就构成了国际政治伦理的理论前提。

3. 国际政治伦理不可避免地具有理想主义色彩

顾名思义,国际政治伦理涉及“国家之间”或超越国家疆界的伦理和责任问题。人们对于国际政治伦理问题的根本立场首先取决于对这样一个基本问题的态度:对于与我们相距遥远、没有任何私人关系的他国人,我们是否负有帮助他们或避免伤害他们之不可推卸的道德义务？就国家间关系而言，这个问题则具体化为：国家对外行为是否应该受某些道义原则的约束，除了自我利益之外国家是否还应该追求某些普遍的道德目标？因此，国际政治伦理涉及世界的各个部分和整个人类，而不是仅限于我们的近邻或本国人民。只有国家（政府）才是国际伦理最重要的主体，多数情况下甚至是唯一有能力处理国际伦理问题的实体。同时国家也是相当一部分国际伦理问题的主要制造者（例如对外干涉或者对内暴政），规范个人行为的道德原则有时候在国际层次上并不能行得通。虽然许多伦理学家甚至认为整个人类在道德行为的标准方面正在逐渐形成某种共识。但也不得不承认，迄今为止并不存在一整套稳固的、为所有国家接受的国际伦理原则，也没有任何机制能保证现有的国际行为准则能够得到严格遵循。

在新一轮全球化进程中，传统观念上的“政治”与伦理的界限变得十分模糊，发展和扩大国际社会的道德共识与行为规范，不仅是国际秩序以非暴力方式实现变革的基本要求，也是人类生存和发展的客观需要。在急剧增多的全球性问题成为人类共同的难题之时，国际政治伦理在理论和实践中的不一致也就凸显出其本身所具有的理想主义色彩。

二、国际政治伦理的作用

作为国家之间进行国际交往所应遵守的伦理规则，国际政治伦理对于各个国际行为体和整个国际社会有着重要作用。

（一）国际政治伦理是国际社会良性发展的推进器

国际旧秩序是在广大发展中国家处于无权地位的情况下，由少数大国按照发达国家的意愿和利益建立起来的，第二次世界大战后一直延续到现在还没有得到根本改变。国际旧秩序以霸权主义、强权政治和剥削掠夺为基本特征，使得发展中国家至今仍遭受发达国家的盘剥，严重影响发展中国家的发展，造成贫富差距的扩大和南北关系紧张的局面。因此，国际关系的不断深入发展要求建立一种各国政治上相互尊重，共同协商，经济上相互促进，共同发展，文化上相互借鉴，共同繁荣，安全上相互信任，共同维护的国际新秩序。

国际政治伦理指导范畴下，各国政府在采取行动时经常要考虑在道义上和法理上是否站得住脚,并且总是宣称其行为的正义性,或强调其行为是出于某种道德责任感。各国政府经常参加各种自然灾害的国际人道主义救援活动,不是出于什么自利动机,而是感到有义务提供帮助。各国政府在环境保护、疾病控制等方面的合作至少部分原因是出于道义考虑。更重要的是,国际社会常常对某些公然违背基本的人类准则的政府施加压力以促使它改变不道德的内外政策,最突出的例子是对推行种族隔离政策的南非所实行的经济制裁和外交抵制。国际政治伦理对于维护一个公正合理的国际新秩序、保证各个国际行为体平等互利和平共处、推动国际社会有序运行和良性发展具有不可替代的推进作用。

(二)国际政治伦理的发展有助于完善有中国特色社会主义国际政治伦理价值体系

时代在进步,国际政治伦理理论也出现了日新月异的发展,有中国特色的社会主义国际政治伦理价值体系也逐步成熟和完善起来。

2005年9月,胡锦涛在联合国成立60周年首脑会上较为系统地阐述和谐世界的构想,提出了新时期中国外交战略的崭新理念。这一理念顺应了和平与发展的时代潮流,反映了国际社会大多数国家求和平、要公正的意愿,描绘了世界发展的美好愿景。与西方的现实主义仅关注大国间的均势和平,理想主义(自由主义)提倡民主和平或制度和平不同,和谐世界关注的是在和谐正义基础上的和平。具体来说,从政治上看和谐正义是各个国家平等相处,各得其所的正义;从经济上看和谐正义是指各国互利互惠,共同发展的正义;从文化上看和谐正义是指承认差异,尊重文明的多样性,强调不同文明相互包容、相互尊重的正义。和谐世界构想赋予了和平、公正等全人类共同的道德价值观以新的内涵,提出了包容、多元、共赢、和谐等新的伦理价值理念,提出了国际正义的新维度,是一种新的国际政治伦理观,也是中国特色社会主义在国际政治伦理领域彰显优势的表现。

在当今世界,道义原则与准则虽然不具有强制力,但其约束力与影响力日趋明显却是个不争的事实。中国正在走向世界,和谐世界理念显示了一个正在崛起的负责任的大国对人类社会历史发展的终极目标所做的价值思考和人文关怀。在全球化进一步彰显全球性问题之际,和谐正义的伦理价值取向符合人类共同的道德利益,使中国对外战略思考可以占据道德的制高点，从而在世界上争取到更大的尊重与支持。

第二节　国际政治伦理的内容及构建

国际政治伦理的内容纷繁复杂，长期以来鲜有学者进行专业归类。鉴于国际政治伦理的重要作用和当今国际格局的基本特征，对国际政治伦理价值体系进行一种新的构建也就成了大势所趋。

一、国际政治伦理的内容

（一）国际关系准则

国际关系准则也被称为“国际准则”，它是指国际交往中各国遵循的行为标准或规范。国际关系准则没有专门的文件，其基本原则贯穿于大多数国家所承认和接受的一些国际文献和国际条约中。其中最基本的原则有各国不分种族、不分大小，主权一律平等；以和平方法解决国际争端、不以武力或武力威胁侵犯他国领土完整或政治独立；不干涉他国内政等等。1954 年中国、印度和缅甸三国提出、得到大多数国家赞同的和平共处五项原则和 1955 年第一次亚非会议提出的万隆会议十项原则，即属此类国际准则。其他如 1949 年关于保护战争受难者的《日内瓦公约》中对战争状态下如何对待中立国、战俘和伤病员等问题所作的规定以及 1961 年《外交关系公约》中对外交代表机关及其人员的法律地位、外文特权和豁免所作的规定等，因得到世界大多数国家承认或赞同，亦被视为国际交往中公认的行为准则。

国际关系准则的具体内容可以概括为以下几点：

1. 相互尊重主权和领土完整、互不干涉内政

自 1648 年《威斯特伐利亚和约》签订以来，国家主权原则一直是国际社会中国家间关系正常交往的基石。国家主权对内的最高权威性和在国际关系中的独立性是保证每个主权国家平等交往的关键支点，并成为国际法的一项基本原则。

最早对主权进行诠释的是古希腊思想家亚里士多德，但明确使用这一概念并赋予近代意义的是法国政治学家和法学家让・布丹。布丹认为，主权是在一国中进行指挥绝对和永久的权力,是一种排他的、绝对的权力,是至高无上的,不受权限、职能和时间上的限制,不可分割的;主权是一种恒久的权力,是一个国家存在的关键支点,不论政治制度和政府的性质和模式如何变动,它始终存在;主权是国家的固有属性,是国家存在的基石与灵魂,是国家有别于其他性质的社会组织团体和集团的主要特征。在主权国家仍是国际社会中的最基本的行为主体的情况下,就对领土和人口的控制而言,所有国家都平等地独立于外部权力。国家的主权、领土完整及法律平等被视为国际关系的特征。1648 年的《威斯特伐利亚和约》,也从国际法角度确认了布丹的理论。

第二次世界大战后,大批独立的发展中国家坚守布丹理论的灵魂,而少数发达国家却提出了“主权让渡”、“主权软化”、“主权模糊”理论。冷战结束后,西方发达国家开始肆无忌惮地公开否定传统主权理论。它们质疑,在国际法上各主权国家一律平等是一个基本条件,但这种平等完全是一种虚构。各国在事实上是不平等的,不过法律上还是必须从各国平等这个假定出发。当前,经济全球化进程不断加速,知识经济时代也拉开历史帷幕,新科技因素使得一些跨国公司所覆盖的国土面积和运营范围比有史以来任何帝国的地域更加浩瀚,环境、移民旅游、艾滋病、毒品、跨国犯罪、恐怖主义等全球性问题不断蔓延,这都使《威斯特伐利亚和约》条文中传统的国家主权原则受到越来越多的侵蚀与削弱,原有的主权概念正在向“实效主权”转变。挑战和否定主权的思潮泛起,不断地有“人权高于主权”、“有限主权论”、“新干涉主义”、“新国际主义”等论调的喧嚣,对传统国家主权构成直接挑战。

全球化进程是在各个国家合力作用下推动的,全球化伸展了国家权力的触角,使得国家主权意志得到进一步强化。国家主权有了新的拓展,但这并不意味着一些大国可以肆意推行单边主义,让个别国家主权在全球任意膨胀。在国际舞台上,各国之间相互尊重主权和领土完整,互不干涉内政应成为所有国家和其他国际行为体的共识,这也构成了当代国际关系准则的核心内容。

2. 平等互利

国家平等权是国际法所确认的国家基本权利之一。联合国大会 1970 年 10 月 24 日通过的《国际法原则宣言》规定了各国主权平等的原则。平等互利的原则主要表现在以下几个方面:

(1)主权平等的原则。国家平等与国家主权密切相关。由于国家具有主权属性,因而是平等的。国家都是独立自主的,主权之上没有更高的权力。这一内容已经讨论过。

(2)国家平等是指各个国家在国际法上的地位完全平等,不管大国小国、强国弱国、富国穷国,也不管其社会、政治、经济制度的性质和发展水平如何,都一律平等,不允许任何国家在世界任何地区谋求霸权,或向其他国家发号施令。各国事情要由各国人民自己做主,国际上的事情要由大家商量解决。中国古代也有“今天下无大小国, 皆天下之邑也”的说法。

(3)对于同一事物,不能实施双重标准。一国不受没有参加的条约的拘束,除非该条约重申现行的国际惯例。在国际会议上,每一个国家只有一个投票权。一个国家不受另一个国家的管辖,即“平等之间无统治权”,一国国家的行为及其国有财产一般不受他国的管辖。

(4)各国对于外侨不得以其所属国籍不同,在法律上特别是在人身和财产安全上有所歧视。国家平等权所说的平等必须是实质上的平等,而不应该只是形式上的平等。以形式上的平等来掩盖实质上的不平等,并不是国家平等的真正意义。

可以说,平等要求的是国家地位一律平等,国家利益平等,国家主权平等,互利要求的是各国之间承认和尊重彼此的利益,在制定国际规则时,要充分考虑到发展中国家的合理要求,注意保障发展中国家的正当权益,发达国家应该也有能力承担更多的义务。任何国家都不得利用自己的优势在经济全球化中谋求特权和损害别国的利益。

3. 和平共处

苏联曾经提出过一种“和平共处理论”,但它以世界的两划分理论为基础,以军事实力的发展为前提,有其特定的适用范围,是苏联在世界范围内同美国争夺、较量,向资本主义开展斗争的重要手段和推行大国主义的工具。今天所讲的和平共处的国际关系准则就其广义而言是指不同国家或地区之间不以武力或武力相威胁,互不干涉内政,不进行侵略和征服,在相互交往过程中,表现为一种较正常的关系。从狭义上而言,和平共处原则是指两种根本对立的社会制度(社会主义制度和资本主义制度)国家间的一种非交战状态。其含义的变化过程反映了社会主义国家的出现对国际关系的影响。

古今中外,各国之间只有存在对等的"爱",才能消除彼此之间的敌视、掠夺和侵略之意,从而实现睦邻友好、和平共处。我国春秋战国时期著名的思想家墨子在论述国与国之间的关系准则时,主张"兼相爱",其起点和落脚点所反映的思想也正是"宽容"和"善邻之道"的内容。墨子的法律思想中,"非攻"是其反对战争的主要学说,他指向是"好战大国"所发动的攻伐掠夺战争,即非正义的战争。墨子积极宣传小国要保卫自己就必须相互协作,这样才能有实力打败大国的侵略。

从当代国际法看,"不使用武力或武力威胁"和"集体协助",是联合国及会员国行动的两项原则。《联合国宪章》明文宣告:保证非为公共利益,不得使用武力……各会员国在其国际关系上不得使用武力威胁或武力,或以与联合国宗旨不符合之任何其他方法,侵害任何会员国或国家之领土完整或政治独立。但是《联合国宪章》并非是禁止所有武力的使用,《联合国宪章》第五十一条规定:"联合国任何会员国受到武力攻击时,在安理会采取必要办法以维持国际和平及安全之前,本宪章不得认为禁止行使单独或集体自卫之自然权利。"另外还规定,安理会授权或采取行动的情况下使用武力是合法的。如1990年8月伊拉克入侵科威特,同年11月29日联合国安理会通过了对伊拉克准许使用武力的678号决议,1991年1月17日,以美国为首的多国部队对伊拉克发动了第一次海湾战争。

"一球两制"、"一国两制"长期并存的事实表明,两种社会制度的关系并非是势不两立、你死我活的关系,而是求同存异、和平共处的关系。两种社会制度不仅可以和平共处,而且可以合作共事。在世界市场上,国家利益是第一位的,社会制度是次要的。只要对国家有利,不问姓"社"姓"资",都可以合作共事;如果对国家不利,不论姓"社"姓"资",都不能合作共事。资本主义国家如此,社会主义国家也如此。当然,资本主义发达国家对社会主义国家另眼看待的事是有的,不可能一视同仁。因此,有合作,也有斗争。斗争是手段,合作是目的。从中国加入世界贸易组织长期谈判过程中,就可以看出这一点。

4. 尊重人权

这一内容在后面将作详细探讨。

(二)国际人权原则

1. **人权与国际人权**

人权与国际人权是两个不同的概念,国际人权的概念是由人权概念延伸出来的。

人权,无论是作为一种政治思想,还是一种政治口号,都是在近代西方资产阶级革命时期产生的。传统的人权概念认为,全社会的每个人都享有人身与财产的自由和政治权利,人权是天赋的、基本的、普遍的和不可剥夺的。这种天赋人权的思想(或称自然人权学说)由格劳秀斯、斯宾诺莎、霍布斯等思想家提出,至洛克、卢梭、杰佛逊等人而臻完善。杰佛逊是天赋人权学说的集大成者,其人权思想有以下几点:一是一切人都拥有不可剥夺的权利,即生命权、自由权和追求幸福的权利。他认为人权是与生俱来的,自由权包括政治、宗教的自由和平等;幸福权包括财产权、选举权、反抗暴政及教育权;二是主权在民,即政府是由以人民共同意志为基础而以契约方式建立的,政府的职能就在于保障人民享有上述权利。

人权按其本质是“权利的最一般的形式”,但在内容上却反映一定时代人们的利益要求及其相互关系。从利益角度我们可以把人权分类为个人性的人权、集体性的人权(主要指国权)、国际性的人权(主要指国际社会的权利)。《发展权宣言》规定,人权既是一项个人权利,同时又是一项集体的权利,这指明人权涵盖集体性权利。人权具有普遍性和特殊性。

国际人权问题产生的直接动因是第二次世界大战。现在,人权不仅国际化,而且在内容上突破了传统人权的局限。在以下几个方面得到了发展:首先,现代国际人权不仅包括个人的政治权利与基本自由,而且包括个人的经济、社会、文化权利;其次,现代国际人权不仅包括个人的权利,还包括集体的权利,如民族自决权、种族平等权、发展权、和平权等等;再次,在个人权利与集体人权的关系方面,现代国际人权认为二者并重且不可分割。

人权问题的国际化值得深入研究。国际人权作为通过国际法渊源得到正式承认的人类需要,不仅是人权概念本身发展的里程碑,也标志着人类共同追求人权理想取得了重大成绩。当代国际人权给世界提出了许多新问题,引起的争议也非常多,但国际人权的历史发展是社会进步的结果,也必将是促进人权发展的契机。

2. 主权原则与人权原则的关系

人权在进入国际人权阶段以前,一直是一国国内的事,人权与主权的关系之争事实上就是国内个人权利与政府之争。人权进入国际领域后,由于全球范围内社会制度、文化和历史背景的不同而造成的对人权的不同理解,人权和主权的关系变得更为复杂且敏感。

关于人权与国家主权的关系,有这样几种观点:

(1)人权分国内人权和国际人权,由国家主权和国际社会共管。全球范围内实现自决、反对歧视、尊重平等、促进人权是国际人权和国家主权共同的义务。这种观点忽视了国际人权法必须通过国内法来实施这一根本性质,也忽视了国内人权问题转变为国际人权问题的可能性,因而过于简单化。但它提出的国际人权和国家主权互相合作、互为补正的观点则有启发意义,国家主权本身是有限的观点也成为主权限制思想的一个渊源。

(2)不同国家有不同的人权观念和人权事实,因此人权本质上是主权国家内的事,国际人权只是国内人权在国家主权允诺下的延伸。国际人权作为主权国家的国际义务,首先是以国家拥有绝对主权为权利前提的。这一观念坚持国际人权以国家主权为中心,认为国家主权是绝对的,国际人权是相对的,因而国家主权不受国际人权限制。我们不赞成这种看法,原因在于:既然主权国家允诺国际人权,既然国际义务是作为主权国家的国际义务,那么,一旦该国发生违背义务的事态,为了维护主权国家允诺的"绝对性",就有必要进行有效的国际干预以结束主权实体的违约,这即是自然法则。只要国际人权保护是针对该主权国已承认是侵占人权的行为或状态,那么干预就是维护主权国家的主权性质,即主权国家的缔约权和履约权。而且,不进行国际合法干预,也将由于放纵某国的行为而造成更多国家主权的受侵害。这又从另一个侧面说明,依照这种观点事实上可以得出主权限制的结论。这一结论不是得自于国际人权,恰恰是得自于国家主权。在这里,国际人权仅仅是一盏探照灯。

(3)主权是人权的前提,是国际人权的实施主体,一国丧失主权,人权也就丧失了保障;但一国拥有主权并不必然导致人权,国际人权是在丧失人权主权的补足。进一步说就是,人权是主权在理论上必然的能力内容,而国际人权是主权国家为了人权而寻求的国际帮助,它帮助主权国家实现其完全的主权能力。所以,国际人权并不限制主权,与此相反,它是对国家主权的支持和扩张，补充了主权在人权部分的空缺。然而，得出国家主权一概受国际人权力量扩张的结论也不够准确。因为所谓的主权无能，既包括主权的消极无能，也包括积极无能，或称被迫的无能和努力达到的无能。前者是被动的、无可奈何的、客观上的主权国家人权能力的缺失，因而国际人权的确能起到增强主权能力、帮助主权在人权内容上的完善作用，如通过国际人权法提供国内人权立法依据，又如战乱或灾荒国家寻求国际人权组织提供的医疗、食品等支持。积极无能是主权国家努力达到的人权无能，这类国家以主动的非人权来表现其人权，人权无能是有意为之的，比如独裁国家故意不履行国际人权规定的义务，又如推行种族隔离政策。对主权扩张起帮助作用的国际人权仅仅是对主权能力中人权能力的扩张，这种情况实质上是纠正积极无能国家的非人权能力（大规模侵犯人权或公开否认人权），因而是一种主权限制。

总的看来，国际人权改变了国家主权不受限制的事实和观点，这与国际人权产生的独特背景有关，也与国际人权发展中主权国家限制人权（无论是主动还是被动）有关，同时还体现了一种人类理想。国际人权的发展仅仅经历了半个世界，但它与国家主权的关系已日趋明朗：第一，国际人权的基本原则和标准由《联合国宪章》及联合国有关文件规定、各国签署，而这本身暗含着对主权国家的限制，表现为国家义务；这同时又表明国家自身有权确立其赋予的人权内容。第二，主权国家对国际人权的不履行（违反“条约必须信守”的国际法原则，亦即积极无能，是主动非人权的一种），因而受其他签约国的限制是合法的、必要的。这种主权限制，不仅遵从法律原则，也遵从了道德原则。第三，当国内管辖的人权发生重大变化以致国家主权无力纠转（消极无能的一种）因而危及世界和平与安全时，国际人权对主权的限制也不宜被视为非法。

3.“人权外交”的实质

马克思曾说，霸权主义在文明时代愈是向前发展，它就愈是不得不给它所必然产生的坏事披上爱的外衣，不得不粉饰它们，或者否认它们。冷战结束后，霸权主义没有完全消失，它以另一种面目出现，即“人权高于主权”，也因此不断在世界范围内扩张其所谓的“人权外交”。我们只要对“人权高于主权”论调深入透视，就可以看出其实质所在。

“人权高于主权”歪曲了人权的科学含义，是霸权主义者的一种政治设计。人权按其本质是“权利的最一般的形式”，但在内容上却反映一定时代人们的利益要求及其相互关系。西方人权观的基本含义是私有财产基础上个人的人权，没有涵纳集体性、国际性的人权含义，这种人权的含义显然不只是一种错误理论，实际上是一种别有用心的政治设计，它的“进步意义”不过是用金钱特权取代以往的个人特权和世袭特权，特权的意义仍然存在，而且其根本目的是为侵略他人服务的，因此，这种人权不能被认为是普遍人权。

“人权高于主权”否定了人权模式的多样性，否定了人权的发展规律，目的是以西方人权模式同化世界各国的人权模式，维护西方国家利益。西方国家鼓吹他们的价值观念、社会制度和人权模式是适用于世界各国的唯一模式，凡是不符合西方模式的都是不尊重人权。但世界本身的多样性就决定了人权模式的多样性。各个国家和民族的文化传统、风俗习惯、宗教信仰、地理环境、经济文化发展程度、社会制度以及价值观念千差万别，由此决定了它们各个都有自己的人权范式。全球化不是要消灭各国的人权范式，而是丰富多彩的人权范式共同且协调发展。“人权高于主权”实际上一些国家企图同化世界各国的人权范式，扼杀世界各国的人权范式，以达到维护其国家利益的目的。

“人权高于主权”贬低了主权在人权发展中的作用，目的是要发展中国家放弃主权，为西方国家推行霸权主义战略大开方便之门。主权与人权是相辅相成的，讲人权不能忘记讲主权，人们讲的人权首先是包含主权的人权；讲主权不等于只讲主权不讲人权，主权本身就包含着人权，是人权内涵上的延伸。全球化趋势是世界统一性与多样性的互动，世界多样性的载体是国家利益，没有主权根本上谈不上国家利益，也就无所谓世界的多样性。主权是实现人权的基础和先决条件，主权体现了人权的阶级性、社会历史性，否定主权就是否定人权，人权是具体的、历史的。“人权至上”者并不是真正要放弃本国主权，实质上，他们绝对地把本国主权放在人权之上，只是认为别国的人权存在问题，别国主权必须放弃，为了解决别国的人权问题他们具有“义不容辞”的责任，别国应以转让国权为代价由他们帮助保护人权，其结果是别国的主权、安全、利益的丧失或部分丧失，重者是被外国掠夺、侵略，次之是受到外国的强压、制裁、孤立、干涉。因此，贬低主权实质是为霸权主义提供舆论服务。因此，“人权高于主权”实质上是侵略性理论，是推行霸权主义、强权政治的一套理论庇护工具。

4. 中国特色社会主义人权论

2004 年 3 月 14 日,第十届全国人民代表大会第二次会议通过了宪法修正案,首次将“人权”概念引入宪法,明确规定“国家尊重和保障人权”。这是中国民主宪政和政治文明建设的一件大事,是中国人权发展的一个重要里程碑。我国于 2009 年首次公布了《国家人权行动计划》,明确了尊重和保障人权是社会主义制度的根本特征,社会主义制度同人权有着本质的一致性。

本着解放思想实事求是与时俱进的思想路线,中国提出了与西方资产阶级人权观本质不同的马克思主义的中国特色社会主义人权观。中国认为,人权的普遍性原则必须同各国国情相结合,人权是涉及人的全部社会关系的权利体系,应该全面认识政治、经济、文化、福利等各项人权的关系,应该以人民最现实的最根本的利益为出发点,把生存权和发展权放在首位,主张与社会发展相适应,统筹兼顾、协调平衡,促进人权事业的全面发展;要正确认识和处理个人人权与集体人权关系的观点,人权是社会全体成员的权利,而不是少数人的特权的观点,主张人权是权利与义务的统一,主张正确认识人权与主权的关系,反对所谓“人权高于主权”的谬论;主张正确认识与处理人权的国内管辖与国际保护,反对所谓“人权无国界”,反对借口人权问题干涉别国内政,主张国际人权对话、合作,反对对抗。

中国认为,国与国之间在人权问题上有分歧是正常的,这是世界多样化的反映。中国致力于在平等和相互尊重的基础上开展国际人权对话和合作。中国已参加 25 项国际人权公约,为国际人权事业的发展作出了积极贡献。

(三)国家利益及外交政策行为的道德标准

国际舞台上,一国制定外交政策并将之付诸实践总是以维护和实现国家利益为出发点和归宿点的。外交道德作为规范国际关系的抽象要求,也自然成为研究的重点。

1. 国家利益的概念

“利益”一词源于拉丁语,在汉语里“利益”的词义就是“好处”,这是一个具有高度概括的释义,可以应用于任何情况。例如,讲个人利益就是对个人有好处,讲民族利益就是对民族有好处,讲国家利益就是对国家有好处。

这里体现了国家利益的一个重要客观条件:国家。

国家利益的概念是在欧洲最早的民族国家形成之后才出现的,法国的黎塞留首先提出国家至上理论,可见国家是最高的本源,国家主权至高无上,国家利益自然源于国家主权,是国家的最高目标,是国家行为的出发点和归宿。于是,国家利益成了决定国家对外政策与行动的基本动因,影响国际关系的核心因素,也是国家间关系最基本的驱动因素。在民族国家繁荣昌盛的历史时期,每个国家都极力强调其国家利益的重要性、独特性和不可替代性。关于国家利益的概念辨析,中西方学者乃至不同派系的认知都不尽相同。摩根索曾对国家利益的概念提出明确的定义。他说,国家利益应当包括三个重要的方面:领土完整、国家主权和文化完整,其中最本质的问题就是国家的生存问题。华尔兹以简约的模式来分析体系结构从而得出结论:生存是国家唯一的利益。基欧汉主张三种国家利益:生存、独立、经济财富,温特在此基础上加了第四种利益——集体自尊。

在国际关系的实践中,国家利益已成为一个自明的前提,始终是民族国家政策与行为的依据和目标,更是政府向人民解释其所作所为的最终理由。然而今天,国家利益却面临着前所未有的挑战。

2. 基于国家利益的外交实践与道德

一般而言,外交道德主要指国家间交往的道德,它是国际交往中制约和影响外交行为主体之间的道德关系与道德行为的观念规范的总和。

虽然现实主义者一直认为,在国际政治和国家外交活动中谈论道德、伦理和价值等在很大程度上是没有意义的,因为国际政治的本质决定了必须奉实力和利益为至尊。这有一定的道理,但人性本善、道德真理在国际政治中一直存在。20 世纪 80 年代,约瑟夫・奈提出了软权力(soft power)概念,认为软权力是一种运用非强制手段的柔性力量,它是一种通过精神、制度、文化等对别国产生的感召力量。他认为一国的软实力主要来源于三个方面:文化(对他人具有吸引力的地方)、政治价值观(当在国内、国外都实践该价值观的时候)以及该国的外交政策(当这些政策被看做合理、合法并具有道德权威的时候)。可以这么说,外交道德是道德在国际政治中的失落与回归。

道德水准是指一国国民的文化教养、品德修养程度。大国相当于国际舞台上的公众人物,因此,世界对大国的道德水准的评判更为苛刻,外交道德要求大国需要具备较高的道德水准。一个国家要成为一个被国际社会普遍接受和信赖的大国,就必须使国民拥有与国家地位相称或更高并令世界折服的道德水准。马丁·路德金曾说过:一个国家的繁荣,不取决于它的国库之殷实,不取决于它的城堡之坚固,也不取决于它的公共设施之华丽,而在于它的公民的文明素养,即在于人们所受的教育,人们的远见卓越和品格的高下。这才是真正的利害所在,真正的力量所在。21 世纪中国真正强盛的标志不是航空母舰在四大洋游弋,耀武扬威,而是孔子所说的"近者说,远者来"。

3. 外交道德面临挑战与机遇并存

国际关系史上,干涉他国内部事务、伤害他国人民感情的做法一直存在,有的国家大搞其他地区和国家的"民主化"方案,用武力方式"输出民主",带来灾难性后果。有些国家因此陷入政治动乱,人民流离失所,种族、民族、宗教的冲突激化。在非洲和中东地区这样的案例不少,所谓殷鉴不远。每个国家都有其特定的历史文化背景,都处于特定的历史发展阶段,都要按照自己的国情进行路径和优先顺序的选择。一个国家的社会发展从根本上说是"内生"的产物,如果从外部强加,小而言之会患上"政治消化不良症",大而言之会发生社会结构崩坏的政治灾难。一些国家以人权、民主和自由等传统价值观作为外交政策的基础与原则,在实践中赋予外交行为以强烈的价值观色彩,这种外交方式被称为"价值观外交",其与国际政治伦理在权利伦理、行为伦理和责任伦理等方面存在着冲突,某些推行价值观外交的国家过于道德自大,也因此陷入国际政治和国内政治的双重困境。外交道德在当今国际关系领域面临着巨大的挑战。

无伦理不成自助,非正义无以和平。对于人民、国家和全球共同体而言,没有正义,就不会有可预见的和平;没有安全,就不会有正义;没有和平,就不会有永久的安全。不同文明、不同国家之间友好相处,根本基础是要有一种平等和互相尊重的态度。国际社会本身是一个具有鲜明的规范性、功能性和目的性的价值体系,具有追求和平、发展和正义的价值取向。外交道德正处于一个挑战与重构的机遇之中。

中国"和谐世界"思想提出以来,引起了世界各国的广泛关注,它不仅是中国对外战略的指导思想,也为世界提供了一种新的国际视野,和谐世界理念所指导下的中国的外交实践与外交道德也成为世界关注的焦点。"和谐世界”思想与传统国际关系理论的国家实力决定国家利益、国家利益决定国际关系的观点是不同的。所以,需要国际关系理论界用一种全新的视角予以解读,研究中国外交政策的理论基础、文化底蕴、内涵外延及价值意义,从而为外交伦理的构建作出中国自己的贡献。

(四)战争道德

自从战争以它可憎的面目出现在人类社会舞台上以来,战争道德也就相应的产生了。

1. 战争道德的含义

战争道德与战争法规不同,战争道德主要由一系列战争惯例组成,它既是战争这种人类特殊实践领域中调整个人行为的规范的总和,也是调整不同军事集团行为的规范的总和。在现代条件下,它还是对战争这种人类特殊行为的价值评判的总和。因此,战争道德可区分为三个不同层面:军人道德、军队道德和军事道德。不管是从战争发展的历史看,还是从战争的目的和后果看,军队道德,即将作战双方各为一个整体的道德行为规范都在战争道德中占有核心地位,因为它不但要求和制约着军人道德,而且也直接影响和决定着对人类军事行动的总的评价。

因此我们说,所谓战争道德,是指依靠人们内心信念和特殊社会手段维系的,并以善恶标准对战争活动进行评价的原则规范、心理意识和行为活动的总和。

由于战争总是表现为两股活力之间的冲突和对撞,表现为你来我往的进攻和反进攻,因而战争必然与报复的概念联系在一起。而报复既涉及手段,也涉及程度。所以,基于对作战双方报复与反报复的认识,必然提出一个问题,那就是:随着战争的发展,战争道德是不断进化的还是退化的?或者说,当代世界的战争道德水准是降低了还是提高了?这是目前很多学者研究但还没有定论的问题。

2. 战争道德的内容

战争的目的应该是禁乱除害、实现和平。自从人类进入文明时代,就有一个如何进行战争的问题,由此产生了战争道德。我国古代思想家就曾指出,战争的目的是“平天下之乱,除万民之害,非行杀也。”亚里士多德也说,政治家必须明白:“和平为战争的目的。”西方现代军事理论家认为,“作战的最终目标在于建立更加美好的和平生活。”然而,战争尤其是现代高科技战争,恰恰与上述内容大相径庭,历史上大多数的战争不仅没有“禁乱除害”、“实现和平”,反而使人类丧失了和平生活的生理条件与和平发展的生存环境。

战争应当遵循施以人道、遵循正义的规则。“凡兵不攻无过之城,不杀无罪之人。”古罗马人指出,不能用“罪恶的手段去搜取胜利。”马基雅维利也说过,“必要的战争,才是正义的战争”。然而,从波黑战争到科索沃战争,从阿富汗战争到伊拉克战争,现代战争都严重背离了“杀伐有度,不滥杀无辜”这一起码的战争道德要求。

战争应是被迫进行的,一旦用兵必须谨慎从事。早在春秋时期,人们就认为,战争是不得已而为之的事,要适可而止,无求过分。有的学者提出,“战争造成的苦难太深重,迫使人们重新考虑欲得到或保卫的东西的价值与付出的代价相比是否值得”,战争应杜绝主观恶意。然而现代一些国家尽管从战争之始就知道战争的严重危害,却肆意使用大量放射性污染武器(如贫铀弹等),这些行径明显违反了战争道德的主观恶意原则。

3. 高技术战争的伦理思考

从海湾战争到伊拉克战争以来,战场上的大规模屠戮少了,取而代之的是对选定目标的“定点清除”,战争已从过去那种滥杀无辜、一律加害的战争模式中走了出来,人们开始用“人道”、“文明”来形容高技术条件下的现代战争,但实际上情况并非如此。实际上,高技术战争难以实现“军民目标”的分离,大量平民和民用设施在战争中难以幸免。这严重违反了《国际战争法》中的区分原则,即军用目标与民用目标完全分开,区别对待。但是随着战场空间的拓展和火力的增强,军事目标和民用目标的区别渐成模糊之势,机场等交通枢纽、发电厂及输电线路、石油加工和输送设施等已不能简单划为民用目标,现代战争中通常被视为军事目标并予以打击。高技术局部战争的持续时间虽然缩短了,规模变小了,但战场上昼夜不间断的作战、强大的宣传攻势、炸药巨大的爆炸威力使得作战人员身体和心理承受极大压力和震慑。新概念武器的杀伤力和残忍程度并不比传统武器低。现代的基因遗传学已发展到可利用基因密码区分不同特性的人群,以此为基础制造出来的基因武器完全能够专门损害甚至灭绝具有某种基因特点的人群,因而具有极端的残忍性和毁灭性。高技术战争的残酷性没有减弱,战争的暴烈本性没有改变。

尽管高技术战争仍给人类带来诸多伦理新危险和挑战,但我们不能否认,在现代社会,人类对于战争的观念有一定积极的改变,对于战争伦理和道义给予了更多的关注,并设法在实践中更加趋于道德的一面。在战争法中,规定了禁止或限制作战手段和作战方法的原则与规则,关于战地武装部队伤病员的待遇、战俘待遇和战时保护平民的原则与规则,关于禁止从事侵略战争、禁止非法使用武力以及惩处战争犯罪的原则与规则等都是从限制战争规模和人道角度加以考虑,最大限度地避免战争带来的人道灾难。战争是为了达到某种政治目的,那么可以采取其他手段而不是大规模的杀戮来达到政治目的,同时要考虑到集政治、道德、伦理、法律、军事目的于一身的综合结果,并要注重作战方法。

(五)公正的世界秩序

世界秩序的研究源远流长,在古希腊、中世纪和近代欧洲的不同历史时期,许多学者都曾探索秩序问题,包括国内秩序和国际秩序。

1. 世界秩序概念的历史发展

两千年前,修昔底德就开始探讨战争的根源,霍布斯提出的"自然状态说"揭示了国际社会的无政府特征,让·布丹阐述的国家主权原则奠定了国际关系体系的政治基础,格劳秀斯的国际法思想奠定了当代国际法的原则基础。国际关系理论形成于20世纪20年代,它是第一次世界大战后为寻求建立永久和平的世界秩序而产生和发展起来的。人们从不同层面研究战争的根源,探索建立一种理想的世界秩序模式。这种探索过程促使人们深入研究人的本性、民族国家属性、国际无政府状态、国际体系结构、文化观念等广泛的国际问题,试图揭示国际政治的本质及其规律,从而形成了不同的国际关系理论流派和世界秩序的理论范式。

20世纪二三十年代理想主义是国际关系理论的主流学派,它反映了第一次世界大战后人们渴望和平的愿望。理想主义将人性视为善的,认为战争是由于人类的愚昧与无知所致,通过教育,唤醒人类理性和良知,诉诸舆论、道德和国际法来建立一种秩序,就可以防止战争。理想主义试图在理性和道德原则基础上,依赖于国际道德、国际法、国际组织、国际规则来建构一个和平的世界秩序。第二次世界大战爆发后,现实主义取代理想主义成为主流国际关系理论。现实主义从人性恶出发,运用"国家利益"、"权力政治"

和“权势均衡”等理论假定来解析国际政治。它从永恒的人性来认识政治规律的客观性，把国家对利益和权力的追求视为国际政治的动力和战争之源，防止战争的方法不是要改变人性和客观规律，而是要依靠权力制衡和各种限制措施。摩根索认为，在这个世界里，和平只能用两种方法来维持，一种是社会力量按自身规律发生的制约作用，其表现是国际舞台上争夺权力而形成的权势均衡；另一种是存在于权力斗争之上的以诸如国际法、国际道德准则、世界舆论等方式实行的规范性限制。

新现实主义和新自由主义是20世纪七八十年代国际关系理论的主流学派，其特点是开始转向对国际体系的研究，试图从国际体系特征来解释国家行为方式，研究国际稳定和战争周期问题，寻求建立实现国际管理与国际控制的世界秩序。新现实主义将现实主义发展成为体系理论，试图从国际体系特征，而不是从国家属性来解释国家行为的变化。它不是建立在人性邪恶的假定上，而是基于世界政治具有的无政府本质。华尔兹把国际结构的“能力分配”作为国际体系研究的核心范畴。吉尔平则通过研究国际体系变化来解析战争的周期性规律。新现实主义探讨的是什么样的权力结构可能保持国际体系的稳定与世界和平。新自由主义是在新现实主义基本假定的基础上，研究国际机制在国际体系中促进合作、化解纷争的重要作用。它从国际相互依赖关系出发，探讨在无政府状态下如何创造秩序和实现和平变迁。基欧汉系统地阐述了国际机制的作用，把国际机制定义为在既定国际关系领域形成的原则、规范、规则和决策程序。他认为，国际机制可以为合作创造有利的制度环境，有利于实现世界政治中的共同利益，促进达成政府间协议，增强合作的可能性。因此他主张，即使在美国霸权衰落之后，也应该力图去维护那些持续存在的有价值的国际机制。

建构主义是20世纪90年代西方国际关系理论的重要流派，温特是建构主义的主要代表人物。他从观念主义来研究国际体系结构，认为国际体系结构是在国家互动过程中建立的一种观念结构，它不是以物质力量为基础的权力分配，而是观念分配。在此基础上，建构主义对国际无政府状态作出了全新的解释。建构主义认为，由于国际关系互动过程中构成的文化结构不同，国际无政府状态可以表现为霍布斯式、洛克式和康德式三种不同的无政府文化结构，它们分别代表了敌对关系、竞争关系和盟友关系三种文化结构状态。因此，国际无政府状态会有多种逻辑结果，而不是只有一种逻辑，即战争逻辑。温特认为,从威斯特伐利亚体系建立以来,洛克无政府文化结构已经取代了霍布斯的自然状态。在洛克无政府文化结构中,各国是一种竞争对手的关系,这种竞争受到国际法承认的主权原则的限制,这种竞争并不排除以暴力解决争端,但是,战争不是要毁灭对方,而是争夺领土和战略优势。温特认为,国家之间的均势实际上是相互承认主权的结果,均势可能成为保持秩序的一种相对稳定的因素和基础。

2. 世界秩序的理论范式

西方学者根据对国际政治本质及其规律的不同认识,从国家主义、世界主义和建构主义等理论视角,提出了各种世界秩序理论范式,这些理论范式不是描绘世界秩序的具体蓝图,而是提出了世界秩序建构的原则和基础。

(1)霸权稳定论

霸权稳定论主要是现实主义的理论观点,它从权力政治出发,主张世界秩序必须有一个世界大国来领导,由它来创设规则和制度,并保证其被遵守和执行。爱德华·卡尔认为,世界秩序都要依赖一个超强国家的崛起,这个强国有权占据世界的领导地位。他在《二十年危机》中指出:“国际新秩序和新的国际利益和谐只能建立在一个上升大国的基础之上。”罗伯特·吉尔平更明确地阐述了霸权稳定论,他指出:“像罗马治下的和平一样,英国治下的和平与美国治下的和平保证了一种相对和平与安全的国际体系,英国和美国创立和巩固了一个自由国际经济秩序的规则。”吉尔平的论述构成了霸权稳定论的两个中心命题:一是“世界政治中的秩序是由一个主导国家创立的,国际机制作为国际秩序的要素,一般要依赖霸权国家的存在”;二是“国际秩序的维持需要霸权国家的持续存在”。金德尔伯格认为,自由的国际经济需要一个占支配地位的经济大国担负起坚强的政治领导,需要它来建立和管理自由国际经济。

(2)民主和平论

民主和平论属于自由主义理论范式,它认为建立自由民主制度是维护世界和平的根本保证,因此又被称作康德式自由主义国际秩序。康德在《永久和平论》中最早提出了民主国家不打仗的思想。威尔逊是民主和平论的积极倡导者和践行者。威尔逊认为,美国的义务不是维持传统的欧洲均势,而是向全世界传播美国的原则,即“和平有赖于民主的传播”。威尔逊率先倡议成立世界性组织国际联盟,通过集体安全而非结盟来维持和平。斯宾塞·沃特把结构与规范因素结合起来解释民主和平问题。福山认为，和平应当来自民主制度所具有的特定性质，依据康德思想建立的国际联盟和联合国在提供集体安全方面显得软弱无力，其根本原因在于它不是自由主义国家的联盟，而是建立在主权平等原则基础上，在世界范围稳步地扩展民主将会带来更多的繁荣与和平，民主国家之间需要互相合作共同促进民主和国际和平。

（3）多极均势理论

多极均势理论源自近代欧洲的权势均衡理论，它把均衡视为国际体系的自动平衡机制，主张在多极均势基础上建构世界秩序。早在16世纪，欧洲就开始系统探讨权势均衡问题，在18和19世纪达到理论研究的高峰。西方一些学者把均势视为一种自然现象，是自动调节国际关系体系的秩序法则。卢梭把均势称作是“自然的产物”，认为均势给欧洲带来了一定程度的秩序。摩根索认为，均势是社会力量按自身规律发生的一种制约作用。权势均衡的作用在于维持国家间权力关系的稳定，确保一国的自由不受其他国家的控制。他认为，在国际无政府状态下，国家出于维护独立的目的，必将采取某种均势政策。马丁·怀特指出，均势是大多数国家在多数情况下寻求自我保存的政策，只要没有国际政府，国家因此而主要专注于自己的生存，国家就会去寻求在各自间维持某种平衡。多极均势理论认为，近代欧洲的均势外交成功地防止了任何国家谋求霸权地位。从1648～1914年近300年的历史中，在欧洲存在着五六个实力相对平衡的大国，它们之间保持着某种均势状态，并把它提升为国际秩序的指导原则。均势作为一种稳定机制，维护了欧洲各国的独立，防止了任何一个国家称霸欧洲和世界。这种理论主张，多极均势应当成为冷战后世界秩序的基础。基辛格是世界多极均势秩序的倡导者，他指出，冷战后的世界秩序将会更接近于18和19世纪欧洲的民族国家体系，在同时存在着几个实力相近国家的世界、秩序必须建立在某种均衡的观念上，因此必须借由调和、均衡各自竞争的国家利益去建立秩序。约瑟夫·奈则提出了均势加国际制度的秩序模式，他指出，世界变得越来越复杂，这意味着世界秩序不能建立在传统均势基础上，秩序的基础应当既是现实主义者所说的均势，又是自由主义者所说的、正在形成中的国际制度。

（4）全球治理理论

全球治理理论主要是从经济、政治和文化全球化特征出发，构建一种多层次治理的世界秩序范式,在一定意义上它是属于世界主义范畴。全球治理理论认为,全球化引起的社会政治和经济变革正在重新塑造着现代世界和世界秩序,今天的全球政治已跨越主权国家的领土边界,使贸易、投资、生产、服务、文化、生态、疾病和安全都成为全球性的问题。国际机制和国际组织的发展,使各主权国家、政府间和非政府间国际组织、各种跨国集团都成为全球治理的重要角色,形成一种多元的、多层次的全球治理网络。政治权威的扩散和多层治理改变了国家中心主义政治,并向一种新的复杂的多层全球治理形式转变。当代的政治全球化正通过重构主权国家的传统形式和重建国际政治关系的秩序来改变世界秩序的基础。极端全球主义者认为,随着经济全球化和文化全球化的发展,全球治理机构的大量出现,正在形成一种全新的世界秩序,这种秩序标志着民族国家的消亡。全球变革主义者认为,民族国家不再是世界治理或者权威的唯一中心,但是,全球化没有带来国家的终结,而是推动国家调整战略,在相互联系更紧密的世界中迎接治理过程不断复杂化的挑战。全球治理范式研究了全球化发展对国际体系和国际关系的深刻影响,试图从世界主义和全球公民社会的视角建构多层治理模式。

3. 和谐世界——中国在世界秩序中的参与

新中国成立之后经历了漫长的自身定位,随着国际形势的变化,中国的身份、利益以及国家实力的内涵都发生了深刻的变化。从反对旧的国际体系到建构新的国际秩序、从追求相对收益到实现互利共赢、从准备打世界战争到维护世界和平,在世界变化新现实和新趋势下,中国提出了"和谐世界"的世界秩序观。它本质上是21世纪中国新的国际秩序观、世界观、天下观、国家安全观,是正在不断发展完善与系统化的中国的全球大战略。"和谐世界"理念的提出,也是中国在国内构建和谐社会的必然延伸。"和谐社会"与"和谐世界"理念相映成趣,是内政与外交的有机统一。"和谐世界"的理念表达了人类对世界和平与发展的诉求,是各国人民的共同愿望,应该并可以成为本世纪人类求生存、求和平、求发展的一种新文化、新政策或新模式。

中国已经发展成为一个负责任大国。在这种身份基础上提出的"和谐世界"思想,既为中国外交确定了发展方向,又为世界未来的发展描绘了美好的蓝图。它所强调的政治上"民主平等、协商对话"、安全上"多边主义、共同安全"、经济上"互利互作、共同繁荣"、文化上"多元共存、包容交流"的观点,推动了国际无政府文化的发展,为国际关系理论提供了全新的视野。在美国价值观外交大行其道的今天,中国的"和谐世界"思想尊重主权平等原则,不以意识形态划线,采取对等承认并通过寻求共同利益不断培养国家间关系,突破了现实主义的樊篱,摆脱了安全困境的束缚,为世界各国处理国家间关系提供了范例。

二、国际政治伦理的构建

随着国际交流的日益增多,国家之间的相互斗争与相互依存也越来越深入,环境污染、核战威胁、国际恐怖活动等国际问题也越来越激化,这种趋势要求各国在国际交往中恪守国际法则和道德准则,国际政治伦理的构建不可避免地提上了重要日程。

(一)反对霸权主义

邓小平在1980年1月16日提出中国在20世纪80年代要做的第一件大事就是反对霸权主义。他说,"80年代我们要做的主要是三件事。第一件事,是在国际事务中反对霸权主义,维护世界和平",这"始终是作为一项严重的任务摆到我们国家和全国人民的日程上面"。[①] 霸权主义活动剥夺了弱国的国权和人民的生存权、发展权,违背了人权的最基本原则,祸及世界安全。从人权角度看,霸权主义的危害主要表现在以下几个方面:

第一,霸权主义损害发展中国家的国权。霸权主义置国际关系准则和国际法、国际社会其他成员及国际组织于不顾,依靠在冷战期间建立起的军事集团和军事联盟,强行推行一些国家的标准、条件、价值观等,干涉发展中国家的内政,严重损害发展中国家的主权。第二,霸权主义实质上践踏了人权。霸权主义不仅损害了别国国权,而且剥夺了发展中国家公民的生存权、发展权。人权问题本质上属于一国内部管辖的问题,人权国际保护必须严格按国际人权法办事,对侵犯人权达到严重程度的国家,才能由联合国进行干预,而不是由某一个大国进行干预。《德黑兰宣言》和《关于人权新概念决议》等国际人权文献对人权国际保护的范围作了明确规定。第三,霸权主义是干涉别国内政的理论工具。长期以来,一些国家借人权的名义任意评价

① 《邓小平文选》,第2卷,人民出版社1993年版,第239－240页。

他国的人权制度,还借人权名义全方位建立起"经济霸权"、"政治霸权"、"军事霸权"、"文化霸权"、"技术霸权"等。为了掩盖霸权主义、强权政治的战略阴谋,他们创造了一系列的谬论,鼓吹"主权平等和不干涉内政原则"过时论,鼓吹西方人权模式是唯一标准的模式,鼓吹武力干涉有理论。邓小平深刻地指出,他们不是联合国,联合国的决议还要大多数同意才能生效,他们凭什么干涉中国的内政?"他们那一套人权、自由、民主,是维护恃强凌弱的强国、富国的利益,是维护霸权主义者、强权主义者利益的。"[①]第四,霸权主义是对世界政治格局的"反动"。当今世界正处于一个日益全球化的时期,全球化是经济全球化,不是政治全球化,经济全球化是各国经济发展的互补化,不是以损害发展中国家的经济利益、国家主权为前提,而是以经济共同发展的互补为前提,经济全球化不可能也不应该泯灭丰富的政治个性、民族个性和文化个性,世界地区间、国家间经济的平衡发展需要世界政治格局的多极化,这有助于世界各国的共同发展,也能给经济发展较为落后的地区和国家带来更多的平等机会和宽松的外部环境,使发展中国家取得更多的竞争、发展机会。

(二)建立国际政治经济新秩序

1.国际政治经济新秩序的概念缘起和内容

建立国际政治新秩序的主张是由邓小平于1988年根据历史经验和现实需要首先提出的。随着两极格局的终结,各种力量都试图抓住此次机遇,力争建立一种对自身有利的新秩序。在诸多的主张中,中国及其他第三世界国家的主张最能体现时代的要求及国际政治关系的客观规律,邓小平说,"至于国际政治新秩序,我认为,中印两国共同倡导的和平共处五项原则是最经得住考验的。"1990年7月11日,他在会见加拿大前总理特鲁多时又谈到,"现在确实需要以和平共处五项原则作为新的国际政治、经济新秩序的准则。"此后,中国多次重申中国在建立世界新秩序问题上的原则立场。2003年5月28日胡锦涛在莫斯科国际关系学院作题为《世代睦邻友好共同发展繁荣》的演讲时,阐述了中国对推动建立公正合理的国际政治经济新秩序的看法。他说,各国人民共同生活在一个"地球村"里,应该携手合作、共

① 《邓小平文选》,第3卷,人民出版社1993年版,第345页。

同努力，推动建立公正合理的国际政治经济新秩序。国际政治经济新秩序的内容主要有：促进国际关系民主化，维护和尊重世界的多样性，树立互信、互利、平等和协作的新安全观，促进全球经济均衡发展，尊重和发挥联合国的重要作用。

2. 尊重和发挥联合国的重要作用

第一，应该共同致力于弘扬联合国宪章的宗旨和原则。60 多年的岁月是一块很好的试金石。实践证明，联合国宪章的宗旨和原则仍然有效。中国有句古话："欲知平直，则必准绳；欲知方圆，则必规矩。"宪章就是一部国与国关系的指南，为我们指明了应循之路，各国都应该严格照章办事。第二，应该共同致力于维护安理会的权威。这是宪章赋予的庄严使命，也是全体会员国的庄严承诺。安理会是集体安全体制的核心。任何甩开安理会，采取单边主义行动的做法都是危险的，是违背全体会员国的意愿的。第三，应该共同致力于加强联合国在发展领域的作用。创建联合国的宗旨之一是促进人类的共同发展。多年来，联合国在这方面作出了一些努力，但发展问题还应该摆到更重要位置。在经济全球化加快发展和科技进步迅猛发展的今天，发展问题面临新的挑战。如果发展问题长期得不到解决，就谈不上世界的繁荣和发展。发展中国家最有资格讨论和解决广大发展中国家的发展问题，应当把这个问题列为优先努力的事项。第四，应该共同致力于联合国决策的民主化。联合国是所有国家的联合国，所有成员不分大小、强弱、贫富，应该一律平等。世界是丰富多彩的。我们生活在同一个地球，应该承认世界多样性的客观事实。大家的事情还是应该由各国协商解决才好。联合国的改革应该充分体现广大会员国的共同意志，特别要充分考虑广大发展中国家的合理要求和根本利益。

世界要和平，人民要合作，国家要发展，社会要进步，是时代的潮流。上个世纪，人类经历了两次世界大战的浩劫，也经历了冷战对峙的磨难，付出了巨大的代价。中国人民和各国人民，都不愿看到世界上任何地区再发生新的热战、冷战和动乱，都不愿看到任何国家或国家集团再推行新的霸权和强权，都不愿看到南北之间的发展差距、贫富鸿沟再扩大下去。中国人民和各国人民都渴望世界持久和平，渴望过上稳定安宁的生活，渴望建立公正合理的国际新秩序，渴望实现国际关系的民主化，渴望促进共同发展和共同繁荣，共创人类美好的未来。

第七章　政治伦理文化

政治伦理文化作为一种社会政治现象，反映着一个民族、一个国家客观的政治历史与政治现实，它伴随着社会历史和人类政治文明的发展而演进，同时也影响、制约着政治体系、政治关系和政治活动，在社会历史和人类政治文明的进程中起着非常重要的作用。因此，对政治伦理文化的考察、比较、分析和研究，构成了政治伦理学的一个重要板块。

第一节　政治伦理文化的含义

一、政治伦理文化的定义

政治伦理文化是由文化继而由政治文化和伦理文化共同衍生出来的一个全新的概念，迄今为止没有一种权威的定义。因此，要定义什么是政治伦理文化，就需要先定义什么是文化、什么是伦理文化和什么是政治文化。

（一）文化、伦理文化与政治文化

无疑，要为“文化”下一个简明扼要的定义，是十分困难的，因为文化的内涵十分宽泛，然而学术界长久努力所取得的成果也是卓有成效的。1871年，英国文化学家泰勒在《原始文化》一书中提出了狭义文化的早期经典界说，即文化是包括知识、信仰、艺术、道德、法律、习俗和任何人作为一名社会成员而获得的能力和习惯在内的复杂整体。通常认为，从广义上来讲文化是人类作用于自然界和社会的成果的总和，包括一切物质财富和精神财富。文化是人类生活的反映、活动的记录、历史的积沉，是人们对生活的需要、要

求、理想和愿望，是人们的高级精神生活，是人们认识自然，思考自己，是人精神得以承托的框架。它包含了一定的思想和理论，是人们对伦理、道德和秩序的认定与遵循，是人们生活生存的方式方法与准则。思想和理论是文化的核心、灵魂，没有思想和理论的文化是不存在的。任何一种文化都包含有一种思想和理论，生存的方式和方法。需要是现实，理想是向往，愿望是想得到的，要求是必须做到的。

伦理文化是中华民族在自己特有的人伦关系与道德生活中创造形成的。作为特殊的文化子系统，它与其他文化子系统如政治文化、法文化、年节文化、食文化之类，在地位上是并列的，在内容是互相渗透、互相交叉的。伦理文化的外延很宽，除了常说的伦理学、道德规范外，还包括人伦关系、道德生活本身，涉及民俗生活、制度选择甚至连物质生活中都贯注着它的影响。比如，中国古代物质生产中的崇本抑末，日常生活中的聚族而居、合食、大团圆等，民居之四合院、皇城之以宫廷大殿为主的等级森严而又呼应一体的建筑群中，处处都深藏着伦理的影子。中华民族向来重人伦、讲道德，在历史上创造了灿烂的伦理文化，以之作为民族文化的重要组成部分甚至是主干。以至于有人认为，中国文化归根结底最本位的是伦理文化，可见伦理文化的重要性。

政治文化是一个非常近期的概念，它的提出不过是20世纪50年代的事情。但是，政治文化研究却历史久远。古希腊时期亚里士多德曾专门研究政治革命和政治变迁的心理因素。近代思想家孟德斯鸠的《论法的精神》和《罗马盛衰原因论》，马克斯·韦伯的《新教伦理与资本主义精神》，托克维尔的《旧制度与法国大革命》和《论美国的民主》等著作都可以被看做政治文化研究的典型案例。1956年，美国政治学家G. A. 阿尔蒙德首次使用“政治文化”一词。此后，这个概念很快取代了传统政治学中常见的“民族精神”、“民族性格”、“国民性格”等意义相近、但难以用实证性方法予以研究的术语，成为西方政治学最重要的概念之一，从而真正开启了当代政治文化的研究。关于政治文化的内涵，各派政治学家的理论并不完全一致。一般认为，G. A. 阿尔蒙德所提出的定义比较全面地反映了政治文化概念的内涵。他在《比较政治学》（第二版）（1978）一书中提出：“政治文化是一个民族在特定时期流行的一套政治态度、信仰和感情。这种政治文化是在该民族的历史和现在社会经济、政治活动进程中形成的。人们在过去的经历中所形成的态度类型对未来的政治行为有着重要的制约作用。政治文化影响各个担任政治角色者的行为、他们的政治要求内容和对法律的反映。”①阿尔蒙德认为政治文化具有三大特征:政治体系文化、过程文化和政策文化。

我国的政治学者也从不同视角对政治文化这一概念进行了各种各样不同的解释,比较有代表性的观点认为,政治文化就是一个国家中的阶级、团体和个人,在长期的社会历史文化传统的影响下形成的某种特定的政治价值观念、政治心理和政治行为模式,它主要包括政治主体对政治体系、政治活动过程、政治产品等各种政治现象,以及自身在政治体系和这种活动中所处的地位和作用的一种态度和价值取向。

(二)政治伦理文化

自从政治伦理学诞生并发展以来,政治伦理文化就一直是学界关注的对象之一。迄今为止,对政治伦理文化的思考还大都是融于对政治现象的道德思考之中的,也就是从政治道德或者道德文化的角度来观照整个政治伦理文化的概念。中西方学者大多以研究政治伦理思想来切入研究政治伦理文化,目前学界对政治伦理文化这一概念还没有统一的定义。

比较中西方学者对政治伦理文化这一概念的分析,我们认为,政治伦理文化,又称政治道德文化,是一个民族在特定时期形成的一整套有关政治伦理道德的意识、观念、理想、原则、心理、思想、精神、传统、习惯等规范的综合,是政治关系在伦理道德领域的投射形式。它主要研究政治伦理文化的因素、结构、类型、作用及意义。它是一个民族在其特殊的历史发展过程中逐步形成的,并对该社会人们的政治行为模式、对政治系统的要求以及对法律的主客观反映发挥着重要作用。

这个定义包含了如下几层含义:第一,政治伦理文化的主体,是同政治活动的主体相一致的,既有团体性的,也有个体性的,既指普通公民,也指政治团体和其他社会团体。阶级是政治活动中最重要的角色,也是政治伦理文化中最重要的承载者,不同的阶级会形成不同的政治伦理文化,体现不同的道德要求。第二,政治伦理文化的基础,是整个社会历史与现实的存在,

---

① [美]G. A. 阿尔蒙德、小 G·宾瓦姆·鲍威尔:《比较政治学:体系过程和政策》,曹沛霖、郑世平、公婷等译,上海译文出版社 1987 年版,第 29 页。

它以政治观念形态反映并反作用于社会生产方式和一系列经济、政治和文化状况。应当注意的是，作为一种精神文化，政治伦理文化在政治分析中并不是最深层的东西，最深层的是社会生产方式，社会生产发展的水平在绝对社会生产关系和阶级关系的同时，也决定了该社会政治伦理文化的内容和水平。也就是说，政治伦理文化概念下政治活动主体的政治态度和政治心理倾向，不是凭空产生的，而是历史与现实的经济、政治和文化生活综合作用的产物，这是透视政治伦理文化的关键。第三，政治伦理文化的对象，是国家政治生活，包括国家政治体系、政治过程、政治活动等，它是政治的观念形态，它要揭示的是作为政治活动主体的人与政治在道德层面的复杂关系，因此它反映和反作用的对象是以国家政权为核心的。第四，政治伦理文化的内容，是政治观念在道德层面的一系列表现形式，包括政治道德认知、政治道德情感、政治道德动机、政治道德态度、政治道德思想、政治道德环境、政治意识形态等。

政治伦理文化属于社会意识范畴，是社会经济、政治发展的产物，其形式和内容既是社会经济、政治的反映，又是历史长期沉淀的结晶，具有相对的独立性，对经济、政治有着巨大的能动的反作用。这种反作用的正负效应取决于政治文化的先进与否。这主要从以下几个方面来判别：第一，从历史的尺度来看，它是否站在时代前列，符合并体现时代特征和时代要求，顺应时代发展的方向和历史潮流。第二，从科学的尺度来看，它是否是客观地反映了人类社会的本质及其发展规律和基本趋势的真理性认识。第三，从价值的尺度来看，它是否反映和促进先进的生产力和先进的民主政治的发展，是否反映、代表和维护先进阶级和广大人民群众的根本利益。由此可以得知，良好的政治伦理文化必然是站在时代前列，符合历史潮流，继承既往优秀的政治文化和道德文化的遗产，反映人类社会的发展规律和必然趋势，蕴涵民族生存发展的基本价值理念，符合广大人民群众的根本利益，体现民族精神，塑造健康人格，推动社会文明进步和人的全面发展的文化。

构成政治伦理文化核心内容的价值观和原则规范，不仅作为一种特殊的整合模式为人们提供正常活动所必需的伦理条件，它也为个人进一步满足高层次精神需要，为个人的发展与完善提供精神导向和行为方式。但是，政治伦理文化作为一种道德文化要现实地发生作用，就必须具有相应的良性运行的条件，这主要从以下几方面体现出来：

第一,社会条件,即一种合理的社会赏罚机制。政治伦理文化虽然相独立于经济、政治、法律等,但却并不是一个自我满足的封闭系统,它与社会的经济、政治、法律等重要方面一样,各自的功能是在彼此交互作用的过程中发挥的。在这个过程中,对于其功能的实现来说,综合了经济、政治、法律的现实力量的社会赏罚机制就至关重要,而这种社会赏罚机制必须合理,并与当代社会所需的道德价值基本一致,才能为建立良好的政治道德秩序提供起码条件。第二,内在条件,即行为主体的良知。赏罚对于人的行为是一种外在制裁和外在驱动力,但从伦理文化的运行来说,任何社会都无法做到使社会赏罚对于每个人的行为都完全如天网恢恢疏而不漏,因为社会赏罚的前提是社会监督,而任何社会都存在大量社会监督触及不到的问题和领域,在流动性极大的现代社会条件下尤其如此。人作为行为主体,是伦理文化的承担者,也是道德指令的履行者,伦理文化的良性运行更需要通过体现行为者道德观念、道德情感的内在机制——个人良知来实现。第三,基础条件,即全民受教育水平。伦理文化的作用是要通过人们广泛接受并且通过人的活动来实现的,这种接受无论是经由内心认同转化为内在需要而形成良知,还是仅仅发生在怀赏畏罚的心理层面,都离不开教育。教育打开人性发展的道路,奠定人走向未来的基础,指导人在活动中遵循着一定要求,使人从动物式的生存状态向觉醒的、负责任的生活过渡。如果说公正的社会赏罚机制为政治伦理文化的良性运行提供外在保障,人们广泛具备的良知为政治伦理文化良性运行提供内在保障,那么,教育则为这两种条件的实现奠定基础。

二、政治伦理文化的特征

政治伦理文化作为一种特殊的观念形态和政治现象,就其本身来看,其内涵常常表现出以下几方面的特性:

(一)政治伦理文化具有深刻的阶级性

阶级性是政治伦理文化相对于一般文化更为显著的特质。在阶级社会,人们的社会生产关系经常表现为一定的阶级关系,正是这种人的阶级性,使得政治伦理文化本身具有了阶级属性。政治伦理文化作为对国家政治生活有一定倾向的价值取向,必然体现出一定阶级的利益和要求,不同阶级有不同的政治伦理文化，一个社会中政治伦理文化的冲突，实际上反映了阶级之间的斗争，一个新型阶级的崛起，往往与一种崭新的政治伦理文化的形成相联系。一个国家中的政治伦理文化是复杂多样的，其中占主导地位的是统治阶级的政治伦理文化。

（二）政治伦理文化具有独特的民族性

政治伦理文化的民族性是政治伦理文化不同于政治思想的一个重要特点。政治伦理文化包含许多因素，其中民族心理是一个非常重要的方面。一个民族在共同的地域、长期共同的经济生活和社会生活中，形成了共同的语言，形成了表现于共同文化上的共同心理素质，并成为维系民族凝聚力的心理和文化纽带。因此，一个民族的政治伦理文化就有其民族性的特点，这就要求人们在对世界各种政治伦理文化进行比较分析时，重视每种政治伦理文化所包含的特定的民族气质、民族精神和民族心理。当然，政治伦理文化在表现出强烈的民族性的同时，也具有相当程度的国际性。伴随着人类文明进步的脚步，生活于不同国度的人们在政治态度、政治信仰、政治情感等方面也经历着空前的改变，从先前对政治权威的盲目迷信到如今的理性自觉，更加认识到自己作为“政治人”的主体权利和作为现代公民所拥有的政治能力。渴望限制强权、维护个人正当权益这一人类追求政治文明的核心命题，正是政治伦理文化国际性的重要依据。

（三）政治伦理文化具有相对的独立性

人是政治伦理文化的创造者，同时也是政治伦理文化的承载者。在现实的政治实践活动中，人们不仅受到已有的政治伦理文化形态的影响，而且在自身的历史活动中传递和延续着特定的政治伦理文化，正是在社会成员一代又一代的历史活动中，政治伦理文化才得以绵延不绝。政治伦理文化虽然具有历史继承性，但它不会随着政治制度的变动而立即消失或快速重建。社会生产方式的变更，必然会引起社会制度的变革，旧的制度因失去原来存在的经济基础而瓦解。但是，旧的政治伦理文化不会随着新制度的建立而立即消失，它还会在一个相当长的时期里滞留在人们的观念领域，沉淀在人们的心理意识之中，并对人们的行为产生持久的影响。由于构成政治伦理文化的因素相当复杂，因而传统的政治伦理文化既有同新的政治制度相抵触的内容,也有同新的政治制度相融合的方面。因此,必须对传统的政治伦理文化进行冷静、客观和科学的分析。

(四)政治伦理文化具有一定的时代性

任何文化形态都不是一成不变的,政治伦理文化也不例外,它是随着社会历史的发展而不断发展变化的。任何生产方式的变革必然会带来政治制度的变迁,进而使人们在政治心理、政治价值观以及政治信仰等多方面发生相应变化,而这种变化反过来又进一步推动政治制度的变迁。政治伦理文化随着时代的进步而体现出一定的与时俱进的特征,如党的十一届三中全会以来,中国的政治伦理文化就日趋理性化、世俗化,现代化的政治伦理文化观念日益深入人心。

第二节　政治伦理文化的形成基础和构成要素

政治伦理文化的形成基础是什么?它包含哪些构成要素?这是研究政治伦理文化所必须回答的问题。

一、政治伦理文化的形成基础

马克思主义唯物史观认为,"社会存在决定社会意识,物质生活资料的生产方式制约着整个社会生活、政治生活和精神生活的过程。"①人们的精神生活和精神文化是精神生产的产物,也是精神生产发展的动因,它根源于现实的物质生活条件,人们总是自觉或不自觉地从他们进行生产和交换的经济关系中,获得自己的思想观念、道德观念。人民群众是历史的主体和创造者,其精神需求和实践活动是文化形成和发展的决定性因素。对优秀传统文化的继承是文化得以发展的源泉。因此,考察、分析政治伦理文化的形成基础,离不开它所赖以生存的社会环境、历史条件和主体性因素。

① 《马克思恩格斯选集》,第2卷,人民出版社1972年版,第82页。

（一）生产力的进步和政治的发展是政治伦理文化发展的物质基础和政治保障

社会历史的发展是经济的、政治的和思想文化的各种因素相互交错作用的结果，其中，经济为政治和文化的发展提供技术支撑和物质基础，政治为经济和文化的发展提供政治保障，文化为经济和政治的发展提供精神动力和智力支持。三者相互影响、相互作用、缺一不可，共同构成社会的有机统一整体。

1. 政治伦理文化的发展以社会经济的持续进步为物质动因

按照马克思主义分析社会现象的基本方法论，社会经济关系在各种各样的社会关系中具有基础性的决定性作用，这里的经济关系包含生产资料所有权关系、生产过程中的支配被支配关系和生产成果的分配关系。政治和其他一切文化关系的建立和实际运行，在其本质、内容、形态和方式等方面，根本上是由经济关系决定的。在人类历史发展的历史上，经济量的增长，经济结构的改进和优化，经济质量的改善和提高一直是不变的主题。

在生产方式上，作为内容的生产力是不断发展变化的最活跃、最革命的因素。社会生产力的发展导致分工形式、交换形式等等的变化，从而在旧社会的母体中孕育出新的生产关系的萌芽，最终趋向于新的生产资料所有制形式的建立。而这种新的所有制形式的建立和完善，恰恰为政治伦理文化的发展提供持续不断的物质动因。随着现代社会经济的快速发展，科技作为推动生产力发展的首要因素对劳动者的思想道德素质和科学文化素质提出了新的更高的要求，文化的发展已摆在与经济、政治的发展同等重要的位置。同时，伦理文化发展的速度和规模更加依赖于社会的经济发展水平。从某种意义上说，人们思想观念、价值取向、道德法律意识、思维方式、生活方式等方面发生的一系列重大变化，有力地推动了精神文明建设的发展，为先进伦理文化的繁荣发展创造了良好的历史机遇和有利条件。改革开放30多年来，中国的经济发展取得了举世瞩目的巨大成就，为政治伦理文化的发展创造了有利的条件，奠定了雄厚的物质基础。同时，改革开放和市场经济的实践活动也促使人们开阔眼界，增长见识，活跃思想，冲破教条主义、平均主义、封建宗法观念等腐朽落后思想观念的束缚，形成并增强与市场经济要求相适应的新思想、新道德、新精神。在道德文化领域中文化产业的崛起、文化传播媒介的更新，为道德文化的交流与传播提供了更广阔的领域和更快捷便利的途径，从而极大地丰富了当代中国政治伦理文化的内容。

2. 政治伦理文化的发展以政治的不断发展为政治保障

随着生产力和经济社会关系的发展和变迁，社会利益关系和利益矛盾会不断发展和变化，由此造成政治权力关系和政治利益关系的变革和调整。在人类社会发展进程中，任何一种社会形态都不可能永恒存在着，总会被新的更高的社会形态所代替，这也意味着先进的、合理的文化取代落后的、腐朽的文化。在现实社会形态中，先进文化和落后文化往往同时并存，相互较量，而先进文化能否占主导地位，成为主流文化，不仅取决于生产力发展水平，还取决于社会政治制度的先进性。政治是经济与文化相互作用的中介，是经济关系和经济要求的直接体现者。政治制度是在一定的思想理论指导下形成的，是特定思想道德观念得以实现的手段和工具，它一旦形成，就在很大程度上影响人们的思想观念。在文化与政治的关系中，文化是政治的重要载体，政治越来越被文化所融会，在许多情况下政治常常以文化的形式出现，并借助于文化而发挥作用。文化所标示的价值观又必须借助于政治的力量才能化为现实，因为政治是以实现一定的价值观或意识形态为其目标或目的的。

社会主义民主政治制度本身也是一种文化，即制度文化。从制度形态文化的角度来看，经济体制、政治体制和其他各方面的体制改革，为政治伦理文化的形成、发展和不断创新提供了制度保障。中国在推进经济体制改革、促进经济发展的同时，坚持物质文明和精神文明两手抓，积极推进政治体制改革，不断促进民主政治的法制化进程，为充分保障人民群众当家做主，享受广泛的民主权利和文化权利，积极调动和发挥广大人民在道德文化建设和现代化建设中的积极性、创造性，为促进经济繁荣和道德文化的发展营造宽松民主的政治环境和提供有力的制度保障。

（二）人民群众及其实践是政治伦理文化发展的创造主体和根本动力

唯物史观揭示了人类社会的发展史是物质生活资料生产的发展史，在这个历史进程中，人民群众是历史活动的主体，是先进生产力和先进文化的创造主体，是推动先进生产力和先进文化繁荣发展，实现自身物质利益、政治利益和精神利益的根本力量。政治伦理文化及其产物是人民群众创造性实践活动的结晶，正是人民群众的精神文化需求及其伟大的实践活动，推动着政治伦理文化的不断向前发展。

1. 人民群众日益增长的精神文化需求是政治伦理文化形成与发展的内在动因

文化的进步，从本源上来说是因为人的需求（物质需求和精神需求），因此可以说需求是文化进步的原动力。生产生产出消费的对象、消费的方式和消费的动力，同样，消费生产出生产者的素质，因为它在生产者身上引起追求一定目的的需要。人的需求激发人类去改造世界，因此人的需求促进了文化的进步，是文化进步的原动力，人的需求内容越丰富，其活动就越多样化，就越能促进文化的发展。另外，从生理学的角度来看，人的生存需求也是人的最基本的需求也促进了文化的形成与发展。

随着体制的转型和社会生活的多样化，社会中出现了具有明显差别的不同群体，其经济状况、生活环境、思想认识、道德修养、科学文化素质、心理特征都有所不同，因而精神生活需求也不同。当前中国人民群众的精神文化需求都发生了明显的变化。从其内容上看，主要表现在求知致富的需求、重文求乐的需求、人际关系和谐的需求、生活环境优美的需求和价值实现的需求等几个方面，而且，这些需求呈现出由简单到复杂、由稳定到多变、由缓慢增长到快速增长的发展趋势，其差别也在不断拉大；从其形式上看，人民群众的文化活动领域不断扩大，文化的需求层次不断提升，文化形式由单一化发展到多样化；从其性质上看，存在积极向上的健康的文化需求和消极颓废的有害的文化需求，而主流是健康向上的精神文化需求。

2. 人民群众的社会实践是政治伦理文化形成与发展的根本动力

人民群众在直接的、具体的社会实践中创造并展现出多姿多彩的文化，为文化发展提供丰富生动的感性素材，直接或间接地推动道德文化的发展。一种思想道德文化的先进与否，只能由人民群众的社会实践来检验和证明，其发展与繁荣只能通过人民群众的社会实践的不断深入为其注入新鲜的血液和生命的活力，它只有反映生产力发展要求，反映和满足人民群众的精神需要，具有较强的说服力和感染力，才能为广大群众所接受和掌握，才能转化为强大的物质力量，并在社会实践中得以检验、丰富和发展，得以积极运用和广泛传播，从而充分体现其思想的先进性、价值性。文化创新是人民群众的一项重要社会实践活动,这一活动是先进思想道德文化发展永不衰竭的内在动力和源泉,离开文化创新,道德文化就失去了发展的动力,人民群众也就失去了赖以发展的精神动力。

在当代中国,发展先进的政治伦理文化,建设中国特色社会主义文化事业是人类历史上前所未有的、对人类社会具有重大意义的历史活动,它必须依靠广大人民群众的伟大力量和创造精神,也应该吸引和激发广大人民群众积极支持和参与其中,因为“历史活动是群众的事业,随着历史活动的深入,必将是群众队伍的扩大。”①而自觉的人民群众队伍的壮大,又极大地推动先进思想道德文化的发展。作为人民群众重要组成部分的知识分子是文化传承与创造的主体力量,在发展先进思想道德文化方面发挥特殊的重要作用。改革开放以后,在尊重科学、尊重知识、尊重人才政策的引导下,中国知识分子的政治地位和社会作用得到了一定的肯定与支持,知识分子的工作条件和生活待遇有了较大的改善和提高,极大地调动和促进了知识分子的积极性和创造性,为政治伦理文化的创造、传播、运用和繁荣发展创造了良好的社会环境。

(三)上层建筑和自然地理条件对政治伦理文化的发展有重要作用

就政治伦理文化本身来说,其发展繁荣离不开作为上层建筑的政府或国家或其他机构的有意无意的推动。另外,比较中西政治伦理文化的发展之时会发现,它在形成之初总是受着自然地理条件的影响的。

1. 上层建筑的推动是政治伦理文化得以持续的外部保证

不管是西方政治伦理文化中的自由、正义、平等、民主观念,还是中国传统政治伦理文化中儒家的德政、民本、举贤次序,道家的无为、无君、顺性,法家的法治、刑德并用等思想,其传播发展与对社会发生作用无不是在上层建筑的推动下进行的,从儒家伦理文化形成的客观基础中可见一斑。

自给自足的自然经济以及与此相应的“家国同构”的宗法社会的共同作用是儒家伦理文化形成的客观基础。儒家伦理文化思想从萌芽到实践的完善一直都处于自然经济农业生产关系之下,并一直反映和维护着这种封建

---

① 《马克思恩格斯全集》,第2卷,人民出版社1982年版,第104页。

制经济关系以及相应的封建阶级统治,其必须接受和满足一家一户需要运转的自然经济的强化。同时,与世界其他国家不同,中国是在血缘纽带解体很不充分的情况下步入阶级社会的,“六亲”、“九族”观念深入人心,为了维护人伦次序和人伦关系的宗法式伦理道德观念在人们的思想中更是根深蒂固,因而,在宗法制土壤里孕育出来的中国文化必然带上很浓厚的伦理文化色彩,而文化自身也以严格维护宗法等级制度作为其发挥社会功能的主要体现。宗法制度与专制制度相结合,使中国形成了“家国同构”的社会范式,以家为核心所形成的宗法伦理规范由社会道德生活领域直接深入到社会政治生活领域,伦理规范也由此成了封建统治者的政治要求,国家成为家庭的摹本,因而造成“朕即国家”的政治层阶结构现实。伦理与政治结合的结果是伦理政治化和政治伦理化。对此,黑格尔曾有一句中肯的评价:“中国纯粹建筑在这一种道德的结合上,国家的特征便是客观的家庭孝敬。”这种封闭保守脆弱的经济模式(包括“时也、命也”的自然节律)同宗法血缘关系结合,不仅使得整个社会的血缘亲情意识相当浓厚,也造成了伦理发生功效的前提条件完全集中在一定地位的各个个体对自己“应当”承担的道德义务的自然觉醒和主动践行上,“良心”成了道德的核心位置,牢固地根植于与自然统合的日常人生伦常中。

当代中国政治伦理文化是马克思列宁主义同中国工人运动相结合的进程中孕育、诞生和不断壮大的。中国共产党作为中国工人阶级的先锋队组织,义不容辞地以代表中国先进文化的前进方向为己任,在改革开放和现代化建设的进程中,致力于发展先进思想道德文化,在先进文化的理论认识上不断走向成熟和自觉,在文化实践中积极推进先进文化的繁荣发展。

2. 自然地理条件作为最稳定的成分构成了中西政治伦理文化不同特征的基础因素

虽然说政治伦理文化是动态的,但对其形成而言,自然地理条件也是一个不可忽视的因素。虽然不是决定性的因素,但自然地理条件却是最稳定的因素,无论是对西方政治伦理文化,还是东方政治伦理文化,都是十分重要的。一个民族的生存首先离不开一定的物理空间,这一特定空间里地理环境、气候、物产等自然条件各因素是各个民族首先认知的对象,因此,它们无疑会在各自民族文化中留下自己的烙印。地理环境无疑是社会发展的经常的和必要的条件之一,它影响到社会的发展,加速或者延缓社会发展的进程。不管是不同的思维方式，还是相异的生产、生活方式，对政治伦理文化发生作用的终极根源条件还是自然地理环境。

二、政治伦理文化的构成要素

一般来说，政治伦理文化由政治伦理心理和政治伦理思想两个层次构成，政治伦理心理是政治伦理文化表层和感性的部分，政治伦理思想是政治伦理文化的深层和理性部分。政治伦理文化通过政治伦理社会化过程得以传习，因此，政治伦理社会化是政治伦理文化的重要内容。

（一）政治伦理心理

"心理"一词来源于希腊语的"psyche"，原意为灵魂，现为感觉、知觉、记忆、思维、情感、意志、气质、性格、能力等心理现象的总称。政治心理是社会成员在社会政治实践中对社会政治关系及其表现出的政治行为、政治体系和政治发展等政治生活各方面现象的一种自发的心理反映。政治伦理心理即政治心理在伦理道德领域所具体表现出的人们对政治关系的认知、情感、态度、情绪、兴趣、愿望和信念等综合因素的反映。政治伦理心理的主体是政治人，即处于特定政治关系和政治生活之中且具有一定政治意识的人。就其构成要素而言，政治伦理心理一般包括政治伦理认知、政治伦理情感、政治伦理动机和政治伦理态度等。

政治伦理认知是政治主体对于政治生活中各种人物、事件、活动及其规律等方面的道德认识、判断和评价，即对各种政治现象在伦理道德视角之下的认识和理解。政治伦理认知是整个政治伦理心理体系的基础，它对于政治伦理心理的发展和政治态度的形成具有基础意义。政治伦理情感是社会成员以政治伦理认知为基础，在政治生活中对政治体系、政治活动、政治事件和政治人物等方面所产生的一种道德体验和感受，它基本上是一个自发的过程，有时候体现为较低层次的政治伦理情绪，有时候体现为较高层次的政治感情，它是政治伦理心理形成的重要环节和感情基础。政治伦理动机是激励并维持政治主体的政治活动以达到特定的政治目的的内在的道德动力，它隐藏在人们政治行为的背后，是政治行为的内部驱动力。作为一个特殊的心理过程，政治伦理动机决定了人们政治活动的自觉性和积极性，是政治行为的直接动因。政治伦理态度是社会主体对政治权力、政治权利及其实际形态在道德视角下的相对稳定的综合性的心理反映倾向，表现为对特定政治权力、政治权利、政治制度或肯定或否定，或赞成或反对的倾向状态。

作为政治伦理心理发生、发展的重要环节，以上政治伦理心理的构成要素形成了一个相互联系、相互作用的有机整体，共同构成了政治伦理心理的整个过程。

从类型上说，政治伦理心理可以按照不同的标准划分为不同的类型。根据心理的承担者的不同，可以划分为个体政治伦理心理和群体政治伦理心理。其中个体政治伦理心理又可以依据社会成员在政治生活中所扮演的政治角色和所起的作用不同而划分为政治领袖的政治伦理心理和普通社会成员的政治伦理心理。根据不同的社会和政治群体，政治伦理心理还可以划分为阶级政治伦理心理、民族政治伦理心理、集团政治伦理心理、阶层政治伦理心理和大众政治伦理心理等等。

中西方政治伦理心理有着很大不同，这从“和”与“争”这两种互相对立的伦理心理在中西方的不同地位可以看出一二。“和”是中国或者说东方伦理概念的一个主要心理特征，而“争”则是西方伦理概念的一个主要心理特征，这从历史发展上中国的朝代更替和西方的民族混战、宗教信仰上中国的多元共存与西方的一枝独秀、文化理念上中国的以和为贵与西方的适者生存几方面都可以体现出来。中庸之道使中国人喜欢知足常乐，听天由命，激流勇退，见好就收，学术上“不求甚解”、“难得糊涂”。而自由之道则使西方人能够充分地享受自由，张扬个性，发挥潜力，实现自我，在学术上精益求精，信念执著。

作为政治生活的重要内容，政治伦理心理具有十分重要的作用。这种重要意义历来受到人们的重视。中国古代思想家孟子曾阐发了“得民心者得天下”的道理；管仲曾探讨了政治心理与政治秩序的关系，指出“心安是国安也，心治是国治也”；韩非曾研究了政治心理与政治统治的关系，认为“凡治天下，必因人情”；孙中山曾专门探讨心理建设问题，指出“政治之隆污，系乎人心之振靡”①；列宁也十分强调社会政治心理的重要性，告诫“如果我们连群众的情绪都摸不透，不善于跟群众打成一片，把工人群众发动起来，那

① 《孙中山选集》，人民出版社1956年版，第117页。

就根本谈不上发挥社会民主党的革命先锋队的作用了"[①]。之后,政治伦理心理问题更成为人们普遍关注的问题。

(二)政治伦理思想

政治伦理思想是政治伦理文化的重要组成部分,一般来说,可以从地域的角度分别探讨西方政治伦理思想和中国传统政治伦理思想。

1. 西方政治伦理思想

西方政治伦理思想发轫于古希腊。在当时,对政治的伦理思考是融于对其他社会现象的道德思考之中的,这种情况直到文艺复兴时期才开始有了重要转变。到马基雅维利之时,政治学和伦理学实现了剥离。到现代,西方开始出现了专门对社会政治现象进行伦理观照的科学,即政治伦理学。从其发展形式上看,西方政治伦理思想经历了一个否定之否定的过程。从时代上看,西方政治伦理思想可划分为古代西方政治伦理思想、近代西方政治伦理思想和现代西方政治伦理思想。

(1)古代西方政治伦理思想

古代西方政治伦理思想主要包括古希腊时期的政治伦理思想、西欧封建社会的神学政治伦理思想和文艺复兴时期的政治伦理思想。

古希腊时期的政治伦理思想主要讨论了以下几个概念。一是正义思想。早期智者斯拉斯马寇、苏格拉底、柏拉图、亚里士多德等都对正义作出了解释。苏格拉底认为正义是一种美德,就是知道在特定环境中如何行动,柏拉图认为正义就是按照社会秩序立国的原则各个等级的人各司其职各守秩序而互不僭越,亚里士多德认为行为之中道就是正义。二是平等思想。早期智者安提丰认为,人的本性和天赋都没有高低贵贱之分,也没有主人和奴隶、希腊人和蛮族人之分。亚里士多德的平等思想源于正义思想,他认为正义即平等,并将平等分为两类,即数量平等(平均的正义)和比值平等(分配的正义)。三是民主思想。古希腊的民主思想主要产生于对政体的研究中,柏拉图认为符合正义的政体是理想国的政体,即贤人政体,而民主政体是不符合正义的。另外,古希腊时期的政治伦理思想还讨论了关于统治者的政治道德的思想、关于政治制度道德的思想和关于政治伦理原则的思想

① 《列宁全集》,第10卷,人民出版社1987年版,第334页。

等等。

西欧封建社会的神学政治伦理思想主要包括奥古斯丁和托马斯·阿奎那的政治伦理观点。奥古斯丁是基督教神学体系的创立者,他抛弃了古希腊哲学家强调的对公共事业的义务,排除了个人自由,认为社会政治的实质只有一个,那就是对上帝的皈依。他还认为,世界上存在着两种国家或两个社会,即上帝之国和地上之国,只有在上帝之国才存在绝对的正义,上帝的正义是区分善恶的标准与基础,而在地上之国即世俗国家里,正义只能是指人们侍奉上帝而守其节度,遵守秩序,各司其职。托马斯·阿奎那是西欧封建社会基督教神学理论的最高权威。他认为:"只要正义能够使人们致力于公共幸福,一切德行都可以归入正义的范围。"[①]根据这种观点,阿奎那认为,国家的目的就是谋取社会共同的幸福,而幸福生活也就是按照道德原则生活,所以,国家的目的也可以说是过一种有德行的生活。

文艺复兴时期的政治伦理思想主要包括马基雅弗利和早期空想社会主义者的政治伦理思想,前者构筑在人性恶的基础之上,认为政治行为的目的只会是不择手段地攫取权力,政治权力不允许任何道德上的考虑,后者不仅仅从政治制度而主要是从社会制度的角度来考察政治理论,他们认为财产公有制是最好的制度,只有在公有制社会里才会实现真正的公平。

(2)近代西方政治理论思想

近代西方的政治理论思想,一方面继承了古代所建构起来的一些基本范畴,如正义、平等、民主等,另一方面又呈现出与古代不同的理论建设方向,这表现在一是对政治理论思想的阐释转向侧重于"政治"角度,二是把社会政治制度定位为担当政治伦理的主体,特别强调社会政治制度对社会个体天赋权利的维护与促进。这种转变是与资产阶级革命过程中新兴资产阶级对社会制度的变革与重建的迫切要求紧密相关的。总的来说,近代西方政治伦理思想主要集中体现在以下几方面:

关于人的价值与权力的思想。伏尔泰认为,人生而自由,只受自然法和符合自然法的法律的约束,并强调言论自由和出版自由;孟德斯鸠认为,"自由仅仅是一个人能够做他应该做的事情,而不被强迫去做他不应该做的事

① [意]托马斯·阿奎那:《阿奎那政治著作选》,马清槐译,商务印书馆1963年版,第139页。

情”,[①]“政治上的自由是要有安全,或者至少自己相信有安全”;[②]卢梭认为不平等的根源是私有制和财富的不平等;托马斯·杰弗逊的天赋人权理论认为政府的权力来源于人们,政府的伦理合法性来源于为人民的天赋权利提供安全保障;康德伦理思想的中心则是“道德法则”或曰“绝对命令”;密尔则从功利原则出发阐述了其自由思想。

关于私利与公利、个人与国家的关系的思想。培根认为自我利益应服从于人类的整体利益、国家和社会的公共利益;孟德斯鸠提出的“政治品德”概念是以公共利益为目的的公民品德,他要求人们把公共利益置于个人利益之上,为整体利益作出自我牺牲;康德在强调个人权利的同时,又强调作为整体的国家的重要意义,认为人民对国家的统治只有服从的义务,没有反抗的权利;黑格尔认为国家高于社会和个人,国家对单个人具有最高权力。

关于国家、政府的伦理合法性的思想。霍布斯认为国家的主权是不可分割、不可转让的,一切权力都必须由主权者掌握,人民不能享有任何权力,因此他极力主张专制制度;托马斯·潘恩认为政府产生于人们的邪恶,其目的在于制止人们的恶行,从而消极地增进公众的幸福,即保证人们的安全和自由;边沁认为国家存在的价值依据在于它能保障人们“趋乐避苦”本性的实现,政府的目的在于满足人们的个人利益,衡量政府好坏的唯一标准是看它能否增进人们的“最大幸福”。

另外还有关于政体原则的思想等,这里不再一一赘述。

(3)现代西方政治伦理思想

现代西方政治伦理思想是指19世纪末以来主要是20世纪的政治伦理思想,即资本主义从自由竞争时期进入垄断资本主义时期以后,西方各主要发达国家的政治伦理思想,主要内容表现为以下几个方面:

自由、正义、平等、民主思想。托马斯·希尔·格林认为,真正的自由是个人充分发挥个人能力去实现共同善,这是一种积极主动的自由;卡尔·西奥多·雅斯贝尔斯区分了内在自由和外在自由;约翰·罗尔斯政治伦理学的核心是正义理论,他认为正义是社会制度的首要价值,突出自由的优先性,同时也注重平等;科学哲学流派的代表人物卡尔·波普认为,民主是指

---

① [法]孟德斯鸠《论法的精神》上册,张雁泽译,商务印书馆1978年版,第154页。

② 同上,第189页。

一套制度,通过它,人民有权解除政府,允许民众控制统治者,即使统治者反对,民众也可以不诉诸暴力地从事革命。

关于国家的伦理基础的思想。格林认为,人们对道德善的追求,产生了家庭、部落和国家制度,国家是道德要求的产物,其目的是为了促进人们的共同幸福而提供公共福利,使人们实现共同善,为了达到这一目的,国家干预,即国家采用强制手段制止损害共同善的不道德行为是合理的、必要的。

"人道主义伦理学"思想。法兰克福学派的代表人物埃里希·弗洛姆提出了"人道主义伦理学"与"权力主义伦理学"的划分。弗洛姆认为,在人道主义伦理学中,人既是规范的制定者,又是规范的主体,既是规范形成的渊源或调节者,也是规范的对象。人道主义伦理学从形式上看是建立在以下原则之上的:唯有人本身才能决定美德与罪恶的标准,而且存在超越于人之上的权力;从内容上看,它以人的利益为目的,即对于人来说是善的即为善,而有害于人的即为恶,伦理价值的唯一标准是人的福利。

2. 中国政治伦理思想

中国传统政治理论思想是十分丰富和突出的,在政治专制的人治背景下,君主和少数官僚的观念、意志、行为具有决定政治法律运作的力量。在中国传统理论思想的发展过程中,具有代表性的是儒家、道家和法家。

(1)儒家政治伦理思想

儒家政治伦理思想支配着中国古代意识形态的基本构造,是中国传统伦理理论思想的主体,它在由理论向政治深入的过程中,无疑是最具有影响力,也最具有合理性内容的。

从先秦到清末,儒家政治伦理思想经历了一个与中国古代社会的历史进程大致相应的循序渐进的发展过程。儒家的创始人孔子,系统地提出了以伦理政治为核心的思想学说,其中核心内容即为德治和民本,即把道德的实现与社会政治的实现统一起来,体现了儒家的道德理想主义。孟子的仁政学说、荀子的礼治思想是对这一思想的传承,董仲舒的"天人感应",宋明理学的"存天理、灭人欲",直至后来发展成为道德至上主义。儒家政治伦理思想的基本内容,为政以德是贯穿于其中的一条主线,这也体现出了儒家德性伦理想与政治伦理学相互统一、相互补充的基本原则,奠定了儒家政治伦理思想的主旋律,从而决定了中国传统政治伦理学的特色及中国传统政治伦理思想的基本特征。

(2)道家政治伦理思想

先秦时期的老子、庄子以“无为而治”的出世主张和儒家“有为而治”的入世主张,形成了中国传统政治伦理思想发展史上两个鲜明对照的学派。

道家政治伦理思想的核心是“无为而治”。尽管秦汉以后历经行政权力干预,但道家思想仍顽强坚持下来,它的发展演变主要分为三个时期:盛行于秦汉之际的黄老刑名之学,以无名、无君、顺性自然为内容的魏晋玄学和从西晋之际到唐末前的三个阶段。第三个阶段的道家分成了两派,一派继承了先秦道家的社会批判精神,一派则在吸收儒家思想成分的基础上,思想倾向逐渐与儒家思想相接近。两宋以后,道家作为一个学派不复存在,但其所具有的鲜明个性,它所提出的无为而治的思想在中国伦理史中有着不可替代的地位。

(3)法家政治伦理思想

法家用现实主义的目光提出了“依法治国”的政治伦理核心思想,在战国百家争鸣的诸多思想中最先付诸政治实践,可以说是在众多政治思想中独树一帜。

随着秦王朝的覆灭,到汉代,法家思想逐渐被儒家思想所统一,形成了独具特色的中国传统政治伦理思想。由于儒法合流,法家由原来的非道德特征转变为儒家的忠孝道德结合,法治与儒家的人治相结合,尚贤与尚法在政治伦理思想中成为互补。后来法家吸取秦王朝灭亡的教训,改变了法家单纯地任法治、重刑名的主张,确立了教化与刑杀互为一体的观念,形成了中国封建统治的教化与刑狱并举的特点。虽然作为一个派别已不存在,但法家的法治理论在中国传统政治文化中的沉淀,历久不衰。

(三)政治伦理社会化

作为一个教育和传递过程,政治伦理社会化也是政治伦理文化的重要内容。政治伦理社会化是社会生活和政治权力通过特定的方式和途径养成社会成员权威人格和权利人格,从而形成思想文化的政治认同和道德权利的途径。政治伦理心理和政治伦理思想通过家庭、学校、特定的政治符号、大众传播媒介、社会政治组织和政治实践等一系列途径相互联系、相互影响,从而实现传播、教育和继承。

第三节 政治伦理文化的类型和作用

为了考察研究、比较分析各种政治伦理文化,对其在宏观上进行分类是必要的。政治伦理文化作为上层建筑和社会意识形态层面的因素,对人们的政治行为和社会的政治体系有着多方面的影响。

一、政治伦理文化的类型

政治学者们大多从比较政治学的角度对政治文化进行了分类,如阿尔蒙德将政治文化分为地区政治文化、臣属政治文化和参与政治文化。但学者们对政治伦理文化的类型还没有作出一个明确的划分。总体来说,政治伦理文化的类型划分,是指根据什么标准来区别各种不同类型的政治伦理文化。一般来讲,政治伦理文化可以从不同角度,依据不同的标准,被划分为不同的类型。

(一)政治伦理文化的阶级类型

政治伦理文化不是超阶级的,它的阶级属性正是它的本质规定。从经济基础和阶级性质的角度,政治伦理文化可划分为剥削阶级的政治伦理文化和社会主义社会的政治伦理文化。

1. 剥削阶级的政治伦理文化

在剥削阶级占统治地位的社会里,剥削阶级的政治伦理文化处于主导地位,剥削阶级以他们的政治伦理文化维护该社会一定形式的私有制和政治统治,压制和麻痹被剥削被压迫阶级的反抗,同时被剥削被压迫阶级也以自己的政治伦理文化来指导自己反剥削、反压迫的斗争。由于政治、经济、文化条件的差异,奴隶社会、封建社会和资本主义社会的政治伦理文化具有不同的特点。

奴隶主阶级以他们伦理和政治相融合的、以维护他们政治统治和社会等级的国家观和等级观,来架构他们的政治伦理文化;封建领主、地主阶级的封建专制主义政治伦理文化居高临下;资产阶级的政治伦理文化是在反封建的斗争中逐步形成的。文艺复兴时期,资产阶级在政治意识形态领域里进行了一场反对封建制度、反对神权统治的革命,在资产阶级革命过程中,资产阶级思想家们提出了他们的民主观、平等观、自由观、主权学说、分权学说等政治观念和政治思想。在当时,资产阶级政治伦理文化具有革命性,推动了人类政治伦理文化的发展,具有历史的进步意义。资产阶级夺取了政权、确立了资本主义制度以后,资产阶级的政治伦理文化开始转向保守、反动,逐渐成为资本主义私有制和资产阶级统治的政治文化的保护层。

2. 社会主义社会的政治伦理文化

社会主义社会的政治伦理文化是建立在社会主义所有制基础之上的,是与人民群众当家做主的新型政治关系相适应的,以马克思主义为指导的无产阶级性质的社会主义政治伦理文化。无产阶级的政治伦理文化随着无产阶级的不断壮大和社会主义社会的不断发展逐步成熟,在社会主义社会的政治伦理文化概念下,人民群众通过直接或间接的形式行使国家权力,成为国家政治生活的决定者,人民具有强烈的主人翁意识、政治责任感和参政意识。在社会主义社会,马克思主义是整个社会的指导思想,邓小平理论是当代中国的马克思主义,是中国社会主义现代化建设的理论指南,社会主义民主观是社会主义政治思想中的基本点,在国家政治发展上要求坚持共产党的领导、坚持社会主义方向。因此我们说,社会主义社会的政治伦理文化是一种新型的政治伦理文化,在本质上具有剥削阶级政治伦理文化不可比拟的优越性。社会主义必然向共产主义迈进,这是人类社会发展的必然规律,随着社会主义事业的不断发展和社会主义政治伦理文化的不断传播,共产主义已经成为广大人民群众共同的理想和信念。

(二)政治伦理文化的地域类型

从地域上来说,政治伦理文化可以分为西方的政治伦理文化和东方(尤其是中国)的政治伦理文化。

1. 西方政治伦理文化

在古希腊,国家被称为以一种"最高的善"为目的,把国家的阶级性质包裹在"善"的大袍之中,社会以人的"天性"分为不同等级,要各居其位、各司其职。在西方中世纪神权政治下,政治伦理文化被"神意"所笼罩,利用基督教教义证明封建制度是"上帝"创造的,君主的权力是"神授"的,以基督教信条来强制规范人们的行为,市民阶层则以神学异端的形式来表现他们的政治思想、反对教会、与封建主义进行抗争,来反映他们反神权和反封建的政治心态。

文艺复兴和宗教改革运动之后,西方资本主义政治伦理文化取得很大发展,尤其是英、法资产阶级革命时期,在各国的具体历史条件下,资产阶级革命以各国特有的形式展开,同时资产阶级民主的政治伦理文化也得到了很大发展,霍布斯的“自然权利”、洛克的“天赋人权”、孟德斯鸠的“三权分立”、卢梭的“平等学说”和“人民主权”等思想反映了资产阶级政治伦理文化达到了一个新的高峰,成为西方资产阶级政治伦理文化的主要学说主张。19世纪以后,资产阶级与无产阶级的矛盾上升,自由主义从革命转向保守,自由竞争阶段逐渐转向垄断阶段,资产阶级政治伦理文化中开始出现了一些反民主的强权政治和种族主义等政治观念。西方政治伦理文化归根到底反映的是资本主义的所有制关系和资产阶级的政治统治,当代西方政治伦理文化中仍然包含较多的资产阶级民主成分。

2. 中国政治伦理文化

秦朝以前,中国的政治伦理文化主要是以维护旧秩序的“礼”来规范人们的行为的,在秦朝以后的封建社会,“天人合一”逐渐演化为“天”“皇”合一,从而要求人们崇拜和服从皇帝,以皇权主义、宗法观念及等级秩序等因素,来维护封建社会的稳定,农民阶级在起义和斗争中,体现出了他们反对暴政、反对专制的政治态度和追求改变生存地位、要求革命的政治情感。几千年来,中国封建政权都是建立在传统合法性基础之上的,辛亥革命开始后,合法性危机也就出现了。辛亥革命推翻了封建王朝,也动摇了封建王朝赖以生存的文化基础——身份取向的传统合法性,但从破坏传统合法性到建设理性——民主型的合法性,这却是一个漫长的过程。新中国成立前,民族独立与国家统一是中国政治发展的目标,这期间中国的政治势力不得不从民族主义中寻求合法性的来源,但在共产党与国民党的斗争中,共产主义意识形态成为中国共产党要求民众支持和统治合法性的支柱,新中国成立以后,社会主义国家建立,共产主义意识形态自然地、不可避免地成为新政权合法性的基础。改革开放后,经济增长作为体现社会主义优越性和满足人民群众日益增长的物质文化需要的途径,被邓小平视为新时期国家政权合法性的来源,但同时也没有忽视既有的意识形态基础,明确提出要坚持四项基本原则,注意以经济增长为合法性来源与坚持共产主义意识形态的辩证关系。

当然，政治伦理文化类型的划分还可以从其他许多视角上展开，如从一个社会政治伦理文化中各种亚政治伦理文化的角度，可以至少分为两类，一是冲突性的政治伦理文化，二是协调性的政治伦理文化；从政治伦理文化的发展阶段来看，可分为传统政治伦理文化和现代政治伦理文化；从政治伦理文化的价值理念特点来看，可分为理想型政治伦理文化和现实型政治伦理文化等。

二、政治伦理文化的作用

政治伦理文化的作用，是指政治伦理文化中的各种因素对一个社会的政治体系和政治过程的影响和作用。一种政治伦理文化一旦形成，它便以其特定结构形成一个有机系统，贯穿于政治生活的方方面面，对一个国家的政治生活产生影响作用，而且这种作用的方向和作用的强度都是很难改变的。

马克思主义强调经济基础对上层建筑和社会意识形态的决定作用，但又反对把经济因素视为历史发展的唯一因素。历史唯物主义认为，社会文化的发展，尤其是政治观念和政治意识形态的发展，也是历史发展中的一种重要力量。事实上，政治伦理文化通过人们的政治心理、政治观念、政治意识、政治信仰，而对人们的政治行为和社会的政治体系、政治过程发生深刻的影响。作为一个有机的功能系统，政治伦理文化在政治生活中的作用主要体现在以下几个方面：

（一）政治伦理文化规定政治生活的基本道德指向和内容

政治伦理文化反映了社会成员的政治倾向和政治情感，反映了政治体系、法律制度在社会成员心中的价值认知趋向，这种政治认知倾向在一定的社会历史条件下，在一定程度上决定了某一时代或某一社会政治生活的方式和内容。政治伦理文化也反映了社会成员对政治体系的要求和愿望，一个特定社会中的社会成员，在特定的政治伦理文化传统影响下，会形成特定的政治价值观念，这种观念制约着他们的政治愿望和政治要求。

不同的政治社会，会产生不同的政治观念和政治要求。在古代中国，生活在封建纲常礼教传统文化氛围中的民众不会产生对民主的要求。他们对于政治体系的最大期望,是出现“明君良臣”、“贤相”、“青天大老爷”,“普天之下,莫非王土;率土之滨,莫非王臣”是当时人们普遍的政治观念。在现代社会的民主政治伦理文化的氛围中,每个社会成员的政治主体意识要求广泛的政治参与。因此可以说,不同的政治伦理文化,特别是该社会中占主导地位的政治思想,赋予了某一社会中政治生活的目标、方式和内容以特殊的规定性。

(二)政治伦理文化指导政治行为主体的各种政治行为

政治伦理文化规定了人们的政治倾向,成为一种内化了的政治行为规范,影响和支配着人们对政治行为方式的选择,并以一种执著的政治目标深刻、稳定、持久地指导人们的政治行为。个体所接受和具有的政治伦理文化,将指导着个体的政治价值取向和行为模式,这是政治伦理文化最基本的功能。当然,由于政治伦理文化性质和内容的不同,它既可以指导正义进取、推动社会进步的政治行为,也可以指导反动保守、阻碍社会进步的政治行为。

在传统中国,“修身、齐家、治国、平天下”的人生理想反映了中国古代知识分子的价值追求,“一室不治,何以天下家国为?”是传统中国社会普遍流行的观念。由于当时普遍奉行以孝道治天下的统治原则,在政治人才的选拔上则相信“忠臣必出于孝子之门”。由此可见,政治伦理文化影响着个体对政治目的、政治关系、政治现象等的态度和情感,任何政治主体的各种行为,都在不同程度上受着该社会特有的政治伦理文化的影响和制约。

(三)政治伦理文化影响政治统治体系的确立和稳定

任何政治体系都有着特属本系统的政治取向模式。现实政治生活中,政治伦理文化在维护现有的政治制度和政治统治方面往往能够表现出强大的功能。政治伦理文化一方面为政治统治体系的确立提供合法性说明,为新的政治体系的建立提供心理支持;另一方面为政治秩序的稳定提供思想、意识上的支持,对政治稳定起到深度支持的作用。

在传统社会,社会成员对政治系统的正当性信仰可能来自统治者的血缘世袭或宗教习俗,于这种社会形态中形成的政治伦理文化常常带有明显的依附性特征,这种依附性反过来成为政治系统进行有效统治的基础。而在现代民主体制中，当权者的正当性则主要取决于他们在选举中是否获胜，取决于他们在制定法律过程中是否遵守宪法程序，在这种政治体制下形成的政治伦理文化成为该体制进行有效统治的基础。因此，政治伦理文化的性质深刻地影响着政治体系统治的有效性和稳定性。

(四)政治伦理文化制约国家的政治发展

政治发展从传统政体向现代政体的演进过程意味着政治关系的变革和调整。政治统治体系的不断巩固和完善，需要各种社会因素及各种政治因素的合力作用，政治伦理文化便是其中的无形力量之一。政治伦理文化蕴涵着对政治发展前景的向往，如果这种向往符合政治发展规律，就能激发人们努力通过政治实践去推动政治发展。反之，则会阻碍政治的发展。政治伦理文化的传播塑造并影响着政治社会的成员，社会成员政治伦理文化素养的提高对加快政治发展的进程也起着相当大的作用。不难想象，一个社会中若没有人们在政治心理、政治价值观以及政治思想等层面的改变，政治发展几乎是不可能的。所以，政治伦理文化环境的改变也可以说是政治发展的先导力量之一。

参考文献

彭定光:《政治伦理的现代建构》,山东人民出版社 2007 年版。

杨丙安等编著:《政治伦理学》,四川人民出版社 1988 年版。

吴灿新主编:《政治伦理学新论》,中国社会出版社 2000 年版。

杨楹、卢坤:《政治:一个伦理话题》,社会科学文献出版社 2008 年版。

王浦劬等著:《政治学基础》,北京大学出版社 2006 年版。

朱日耀主编:《中国政治思想史》,高等教育出版社 1992 年版。

徐大同主编:《西方政治思想史》,天津教育出版社 2002 年版。

谭忠诚、陈少峰:《伦理学研究》,福建人民出版社 2006 年版。

倪愫襄:《制度伦理研究》,人民出版社 2008 年版.

张康之、李传军主编:《行政伦理学教程》,中国人民大学出版社 2004 年版。

张康之:《寻找公共行政的伦理视角》,中国人民大学出版社 2002 年版。

王伟、鄯爱红编著:《行政伦理学》,人民出版社 2005 年版。

李建华主编:《行政伦理导论》,中南大学出版社 2005 年版。

余玉花、杨芳主编:《公共行政伦理学》,上海交通大学出版社 2004 年版。

郭夏娟:《公共行政伦理学》,浙江大学出版社 2003 年版。

高力主编:《公共伦理学》,高等教育出版社 2006 年版。

[英]马丁·怀特:《权力政治》,宋爱群译,世界知识出版社 2004 年版。

[美]汉斯·摩根索:《国家间政治:权力斗争与和平》,徐昕译,北京大学出版社 2006 年版。

李少军:《国际政治学概论》,上海人民出版社 2009 年版。

[美]肯尼思·华尔兹:《国际政治理论》,信强译,上海人民出版社 2008 年版。

时殷弘:《国际政治与国家方略》,北京大学出版社 2006 年版。

[美]亚历山大·温特:《国际政治的社会理论》,秦亚青译,上海人民出版社 2008 年版。

阎学通:《国际政治与中国》,北京大学出版社 2005 年版。

倪世雄:《当代西方国际关系理论》,复旦大学出版社2001年版。

[美]罗伯特·杰维斯:《国际政治中的知觉与错误知觉》,秦亚青译,世界知识出版社2003年版。

阎学通、阎梁:《国际关系分析》,北京大学出版社2008年版。

杨勉:《国际政治中的中国外交》,中国传媒大学出版社2005年版。

刘杰:《人权与国家主权》,上海人民出版社2004年版。

[美]R. J. 文森特:《人权与国际关系》,凌迪、黄列、朱晓青译,知识出版社1998年版。

潘忠岐:《世界秩序:结构、机制与模式》,上海人民出版社2004年版。

[美]罗伯特·吉尔平:《世界政治中的战争与变革》,宋新宁、杜建平译,上海人民出版社2007年版。

[美]罗伯特·基欧汉:《霸权之后:世界政治经济中的合作与纷争》,苏长和、信强、何曜译,上海人民出版社2006年版。

[古罗马]塞涅卡:《道德和政治论文集》,袁瑜琤译,北京大学出版社2010年版。

张旺:《国际政治的道德基础:国际关系规范理论研究》,南京大学出版社2010年版。

王逸舟:《国际政治理论与战略前沿问题》,社会科学文献出版社2007年版。

丁大同:《国家与道德》,山东人民出版社2007年版。

张桂琳、常保国:《政治文化传统与政治发展》,社会科学文献出版社2009年版。

丛日云、庞金友:《中西政治思想与政治文化》,社会科学文献出版社2009年版。

陈泽亚:《经济人与经济制度正义:从政治伦理视角探析》,山东人民出版社2007年版。

刘建飞:《政治文化与21世纪中美日关系》,解放军出版社2006年版。

王乐理:《政治文化导论》,中国人民大学出版社2000年版。

潘一禾:《观念与体制:政治文化的比较研究》,学林出版社2002年版。

季乃礼:《政治心理学导论》,中国人民大学出版社2010年版。

朱永新、袁振国:《政治心理学》,知识出版社1990年版。

[美]威廉·布兰察德:《革命道德:关于革命者的精神分析》,戴长征译,中央编译出版社2004年版。

[古希腊]亚里士多德:《政治学》,吴寿彭译,商务印书馆1996年版。

[美]乔治·萨拜因:《政治学说史》,邓正来译,上海人民出版社2008年版。

[荷]斯宾诺莎:《神学政治论》,温锡增译,商务印书馆1963年版。

[法]孟德斯鸠:《论法的精神》,张雁泽译,商务印书馆1978年版。

《马克思恩格斯选集》第2卷,人民出版社1972年版。

《阿奎那政治著作选》,商务印书馆1982年版。

《列宁全集》第10卷,人民出版社1987年版。

《孙中山选集》,人民出版社1956年版。

Kendall W. Stiles:《Case histories in International Politics》,Peking University Press,2005年版。

虞崇胜:《重视政治道德建设》,《理论前沿》,2002年第9期。

杨楹:《政治制度伦理的地位、结构及其历史始端》,《思想战线》,2009年第4期.

杨楹:《论非道德主义的政治伦理——马克思对政治现代化的批判与超越》,《哲学动态》,2005年第2期.

李屏南、朱国伟:《政治效率论》,《湖南师范大学学报》,2008年第5期.

俞可平:《中国特色政治建设的成就与经验》,《学习月刊》,2010年第2期.

李利平:《政治道德的学理分析及其建构》,来源于中国知网中国优秀硕士学位论文全文数据库。

后　记

政治伦理学是一门古老而又年轻的学科。说它古老，是因为它伴随着人类文明同步产生，几乎所有的著名哲学家都以这样那样的方式研究过政治伦理，都或多或少为政治生活贡献过自己的智慧。说它年轻，是因为直至20世纪70年代，以罗尔斯的《正义论》的出版为显著标志，政治伦理学才作为一门独立的、系统的学科的面目出现。我国的政治伦理则萌芽于改革开放初期，形成于20世纪80年代中后期，于90年代以后才得到了突飞猛进的发展。

政治伦理学在我国还是一个全新的领域，加强政治伦理的研究，对于我国社会主义现代化建设具有特别重要的意义。党的十六大明确指出："发展社会主义民主政治，建设社会主义政治文明，是全面建设小康社会的重要目标。"政治伦理的研究，无疑将为社会主义政治文明建设提供正确的理论和道德价值导向。同时，加强政治伦理的研究，对于落实"依法治国"和"以德治国"相结合的治国方略，提高公民尤其是从政者的道德素质，具有重要的现实意义。

相对于政治伦理学研究的重要意义而言，我国的政治伦理学研究还存在着许多薄弱的环节，尤其是作为一门独立的学科，虽然高校的政治学与行政学专业大多开设了《政治伦理学》课程，却缺乏与之相应的教材。有鉴于此，我们在借鉴已有研究成果的基础上，编写了这本《政治伦理学》，以充实和丰富政治伦理学的学科体系。

在本书酝酿和写作过程中，山东工商学院教务处和学科办公室对本书的写作给予了热情的支持和鼓励，山东工商学院政法学院的领导对本书的写作也给予了大力的支持和帮助，政法学院的季丽新教授对本书的撰写作出了诸多的指导，谨在此表示诚挚的感谢。

本书撰写分工情况如下：导论由徐黎明执笔；第一、二章由晏玉荣执笔；第三、四章由李华忠执笔；第五章由李默海执笔；第六、七章由贺雪瑞执笔。全书由徐黎明拟定编写大纲并负责修订、统稿。

由于我们的水平有限，加之编写仓促，书中舛误之处在所难免，诚恳希望专家同仁及读者批评指正。

编者

2011 年 2 月

图书在版编目(CIP)数据

政治伦理学/徐黎明,孙守春主编. -北京:中国社会出版社,2011.7

ISBN 978-7-5087-3623-5

Ⅰ.①政… Ⅱ.①徐…②孙… Ⅲ.①政治伦理学-高等学校-教材

Ⅳ.①B82-051

中国版本图书馆 CIP 数据核字(2011)第 140394 号

书　　名:政治伦理学

主　　编:徐黎明　孙守春

责任编辑:向　飞

出版发行:中国社会出版社　　**邮政编码**:100032

通联方法:北京市西城区二龙路甲 33 号

电话:编辑部:(010)66016392

销售部:(010)66026806　(010)66030260

(010)66020531　(010)66060275

网　　址:www.shcbs.com.cn

经　　销:各地新华书店

印刷装订:中国电影出版社印刷厂

开　　本:170mm×240mm　1/16

印　　张:12.5

字　　数:200 千字

版　　次:2011 年 8 月第 1 版

印　　次:2012 年 1 月第 2 次印刷

定　　价:30.00 元